U0921719

快乐读书 爱上语文
彩绘版 无障碍阅读

增广贤文

文晓会／主编

天津出版传媒集团
百花文艺出版社

图书在版编目（CIP）数据

增广贤文 / 文晓会主编 . -- 天津：百花文艺出版社, 2015.2 (2024.4 重印)
ISBN 978-7-5306-6624-1

Ⅰ. ①增… Ⅱ. ①文… Ⅲ. ①古汉语-启蒙读物 Ⅳ. ①H194.1

中国版本图书馆 CIP 数据核字(2015)第 015678 号

增广贤文
ZENG GUANG XIAN WEN
文晓会 主编

出 版 人: 薛印胜
责任编辑: 马 畅
装帧设计: 文贤阁
封面设计: 宋双成
出版发行: 百花文艺出版社
地址: 天津市和平区西康路 35 号 **邮编**: 300051
电话传真: +86-22-23332651（发行部）
+86-22-23332656（总编室）
+86-22-23332478（邮购部）
网址: http://www.baihuawenyi.com
印刷: 天津泰宇印务有限公司
开本: 710 毫米×1000 毫米 1/16
字数: 120 千字
印张: 12
版次: 2015 年 2 月第 1 版
印次: 2024 年 4 月第 3 次印刷
定价: 29.80 元

如有印装质量问题，请与天津泰宇印务有限公司联系调换
地址：天津市宝坻区马家店工业区建铨道 3 号
电话：(022)59219088 邮编：301801

名人推荐

谢冕

1932年生，福建福州人，著名文艺评论家、诗人、作家，北京大学教授、博士研究生导师。曾任北京大学中国语言文学研究所所长，中国新诗研究所所长，《新诗评论》主编。现任中国作家协会全国委员会名誉委员，北京市作家协会名誉副主席，中国当代文学研究会副会长等。1980年他筹办并主持了全国唯一的诗歌理论刊物《诗探索》，并任该刊主编。同时，谢冕参与了北京大学中国当代文学学科建设，建立了该科第一个博士点，他也成为该校第一位指导当代文学的博士生导师。

著有《文学的绿色革命》《中国现代诗人论》《新世纪的太阳》《论二十世纪中国文学》《1898：百年忧患》等专著十余种，另有散文随笔《世纪留言》《流向远方的水》《永远的校园》等。主编《中国百年文学经典文库》(10卷)、《百年中国文学经典》(8卷)等。

推荐寄语

读书是一种接受前人智慧的方式。因为读书，文化得以传承和发扬。读书不仅于个人有益，也于社会发展和人类进步有益。

谢冕

张梦阳 作家、学者，中国社会科学院文学研究所研究员，中国鲁迅研究会副会长。著有《鲁迅杂文研究六十年》（浙江文艺出版社 1986 年出版）、《阿 Q 新论——阿 Q 与世界文学中的精神典型问题》（陕西人民教育出版社 1996 年出版）、《鲁迅对中国人的思维批判》（东方出版社 2011 年出版）等。作品曾获中国社会科学院优秀科研成果奖，其鲁迅研究书系获 1997 年国家图书奖提名奖。

祝晓风 中国社会科学院文学研究所编审，中华文学史料学学会近现代史料学分会副会长，南开大学教授，文学博士。曾任光明日报社主任编辑，《中华读书报》编辑部主任，中国社会科学杂志社编审、编辑中心主任，《中国社会科学报》第一届编委，《中国社会科学报》常务副主任。著有《读书无新闻》（东方出版社 2006 年出版）、《有声与无声之间》（中国社会科学出版社 2011 年出版）等。

刘培 山东大学文史哲编辑部教授、博士生导师，文学博士。2002 ~ 2004 年在南京师范大学博士后流动站工作。2009 年入选教育部新世纪优秀人才支持计划。著有《北宋辞赋研究》（山东人民出版社 2009 年出版）。在《文学评论》《文学遗产》《文艺研究》《北京大学学报》《南开学报》《四川大学学报》《江海学刊》等学术期刊发表论文 50 余篇。

杜语 线装书局出版中心副主任、第一编辑室主任、副编审、历史学博士。于 2009 ~ 2010 年在美国克莱姆森大学中国研究中心做访问学者。著有《开埠史话》（社会科学文献出版社 2000 年出版）、《英雄论英雄》（中国城市出版社 2003 年出版）、《挑战千年变局》（中国社会科学出版社 2010 年出版）等。在《中国社会科学院研究生院学报》《中国教育报》《中国农民报》《中国改革报》《人民论坛》等报刊发表论文、通讯、高层访谈等数十篇。

杨东林 文学博士，深圳大学文学院党委书记、中文系副教授。主要从事中国古代文学和古代文论方面的教学研究，在《文学评论》《文史哲》等刊物发表学术论文多篇。

郭灿金 历史作家，文学博士，河南大学副编审。著有《中国人最易误解的文史常识》（中国书籍出版社 2006 年出版）、《大唐盛世最有争议的 30 个人》（中国书籍出版社 2008 年出版）、《郭灿金读史》（长江出版集团 2009 年出版）、《史记（注译）》（中州古籍出版社 2010 年出版）等。其中，《趣读史记》系列 2007 年多次进入新浪畅销书排行榜前十名；《中国人最易误解的文史常识》曾获由中国书刊发行业协会主办的“2007 年度全行业优秀畅销品种”称号。

宋永健 北京市海淀区语文骨干教师，首都师范大学第二附属中学教师。致力于中、高考研究和教育科学研究工作，所写教学案例、教学设计多次荣获市、区级奖励。

高凤香 陕西省杨凌中学高级语文教师，杨凌作家协会副主席，《杨凌文苑》杂志副主编。著有《新课程下创新教学探析》（万卷出版公司 2013 年出版）、《温一壶月光》（敦煌文艺出版社 2013 年出版）等。

XU YAN 序言

■ 苏联教育家苏霍姆林斯基曾说过："让孩子变聪明的方法，不是补课，不是增加作业量，而是阅读，阅读，再阅读。"

如果说文化是人类的一份精神遗产，那么阅读就是开启这份遗产的金钥匙。在这种美好的感情和这块灿烂的文明沃土上，优秀的文学名著传达着人类对生命、对历史、对未来的憧憬和思考，其闪耀的智慧穿越古今中外，经过岁月的磨砺，升华成今天的经典。阅读美好的有价值的文学名著，是了解社会、认知自我的有效途径。

让我们一起阅读《论语》《诗经》，阅读《红楼梦》，阅读《雾都孤儿》，阅读《安徒生童话》……日不间断，我们也许会因为书中一段华丽的诗句而激扬，也许会为某个主人公的坎坷遭遇而落泪……任思绪随着书中动人的故事飘飞。阅读的过程就是励志、炼心、启智的过程。水滴石穿，绳锯木断。天长日久，积累的是知识，培养的是情感，塑造的是品格，净化的是灵魂……

本套书考虑各年龄段读者诵读古诗文、现代文学作品，以及外国文学作品等的阅读习惯，设置了知识链接、专家解疑、智慧引路、名家导读、哲理名言、名师点拨、好词好句、阅读思考、名家品评、重点测试等栏目。全套书图文并茂，精美的彩色插图，令经典的情节完美呈现，让读者在阅读文字的同时，感受具体的情景描述，增加阅读的乐趣。

畅读经典文学名著，启迪智慧，唤醒心灵

知识链接

作品速览

《增广贤文》以有韵的谚语和文献佳句选编而成，其内容十分广泛，一是谈人及人际关系，二是谈命运，三是谈如何处世，四是表达对读书的看法。可以说从礼仪道德、典章制度到风物典故，几乎无所不含；同时语句通顺，易懂。其中心则是讲人生哲学、处世之道。文中对忍让多有描述，认为忍让是消除烦恼祸患的方法。在主张自我保护、谨慎忍让的同时，也强调人的主观能动性，认为这是做事的原则。其中一些谚语、俗语，反映了中华民族千百年来形成的勤劳朴实、吃苦耐劳的优良传统，成为宝贵的精神财富，如"一年之计在于春，一日之计在于寅""一饭一粥，当思来之不易，半丝半缕，恒念物力维艰"等。许多关于社会、人生方面的内容，经过人世沧桑的千锤百炼，成为警世喻人的格言，如"忠言逆耳利于行，良药苦口利于病""善有善报，恶有恶报""乐不可极，乐极生悲"等。一些谚语、俗语总结了千百年来人们同自然做斗争的经验，成为简明生动的哲理式的科学知识，如"近水知鱼性，近山知鸟音""近水楼台先得月，向阳花木早逢春"等。

·9·

知识链接：全面熟悉文学作品内容，快速掌握相关的文学文化常识。

增广贤文

译文

每个人的一切都是命中注定的，自己是无法决定的。

一年最好的时光在春天，一天最好的时光在早晨。

一个家庭最好的东西是和睦，一生最好的办法在于勤劳。

「智慧引路」亲人是我们一辈子的依靠，小朋友们，我们应该珍惜和他们在一起的时光，和他们和睦相处，遇到问题多沟通。

故事延伸

闻鸡起舞

晋代的祖逖是个胸怀坦荡、具有远大抱负的人。可他小时候却是个不爱读书的淘气孩子。进入青年时代，他意识到自己知识的贫乏，深感不读书无以报效国家，于是就发奋读起书来。他广泛阅读书籍，从中汲取了丰富的知识，学问大有长进。他曾几次进出京都洛阳，接触过他的人都说，祖逖是个能辅佐帝王治理国家的人才。祖逖 24 岁的时候，曾有人推荐他去做官，他没有答应，仍然不懈地努力读书。

「专家解疑」报效：为报答对方的恩情而为对方尽力。

后来，祖逖和幼时的好友刘琨一直担任司州主簿。他与刘琨感情深厚，不仅常常同床而卧、同被而眠，而且还有着共同的远大理想：建功立业，复兴晋国，成为国家的栋梁之材。

一次，祖逖在睡梦中听到公鸡的鸣叫声，他一脚把刘琨踢醒，对他说："别人都认为半夜听见鸡叫不吉利，我偏不这样想，咱们干脆以后听见鸡叫就起床练剑如何？"刘琨欣然同意。于是他们每天鸡叫后就起床练剑，剑光飞舞，剑声铿锵。

春去冬来，寒来暑往，从不间断。

功夫不负有心人，经过长期的刻苦学习和训练，他们终于成为能文能武的全才，既能写得一手好文章，又能带兵打胜仗。祖逖被封为镇西将军，实现了他报效国家的愿望；刘琨做了都督，兼管并、冀、幽三州的军事，也充分发挥了他的文才武略。

「名师点拨」祖逖"中流击楫"的故事感动过万千有志男儿，而其少年时"闻鸡起舞"的故事，则激励了我们要珍惜时光，努力奋进。一日之计在于寅，虚度光阴是这世上最大的犯罪。

28

名师点拨：优秀名师领航，荟萃知识要点，轻松掌握重点、难点。

智慧引路：开启智慧的大门，引领前行，深入思考。

千古名句：选取文中名句，方便学生诵读及辅助语文学习及写作。

增广贤文

原文

不因渔父引，怎得见波涛。
无求到处人情好，不饮从他酒价高。
知事少时烦恼少，识人多处是非多。
入山不怕伤人虎，只怕人情两面刀。
强中更有强中手，恶人须用恶人磨。
会使不在家豪富，风流不用着衣多。
光阴似箭①，日月如梭②。
天时不如地利，地利不如人和。

「千古名句」知事少时烦恼少，识人多处是非多。

「千古名句」天时不如地利，地利不如人和。

注释

①光阴似箭：时间如箭，迅速流逝，形容时间过得极快。光阴，时间。

②日月如梭：太阳和月亮像穿梭一样地来去，形容时间过得很快。梭，织布时牵引纬线的工具。

译文

没有会水的渔翁的指引，怎么能见到波涛汹涌的江河？

不到处求人的人，人缘就好；如果你不喝酒，也就不用担心酒价有多高。

知道的事情少，烦恼自然也会少；认识的人多，招来的是非也会多。

上山不怕伤人的虎，只怕人与人之间两面三刀。

强人之外还有强人，坏人自会有更坏的人来对付他。

不一定要腰缠万贯，懂得经营、理财的人即使花二百块钱，也能打造出别人花两千甚至更多也营造不出的效果；天生风流的人不管穿什么衣服照样艳压四座。

「专家解疑」两面三刀：指耍两面手法。腰缠万贯：腰里缠着万贯铜钱，形容人极富有。

109

增广贤文

基业。工地的负责人想高价买下他们的房子，但是这家人坚决不同意。负责人便很生气地报告给了严养斋，严养斋平静地说："没关系，可以先营建其他三面嘛！"就这样，工程破土动工了。严养斋下令，工地的人每天所需的酒和豆腐都到那户人家去购买，并且先付给他们定钱。那家的夫妻因店小而工地上的人所需的酒和豆腐数量又很大，人手一时忙不过来，供给不上，就又招募工人来帮忙。不久，招募的工人越来越多，他们所获得的利润也越来越丰厚，所贮存的粮食都堆积在家里，酿酒的缸及各种器具都增加了好几倍，小屋子里实在是装不下了，再加上感激严相公的恩德，他们*自愧当初抗拒不搬的行为，于是，就主动地把房契送给严养斋，表示愿意让出房来。严养斋就用附近一处更宽绰一点的住房和他们调换，这家人非常高兴，没过几天就搬走了。*

「专家解疑」招募：募集（人员）。

「智慧引路」严养斋是个聪明人，他用一种巧妙的方法，既达到了目的，又留下了流芳百世的美名，可以说是最好的解决之道。小朋友们，我们遇事的时候也要像严相公这样，处处为人设想，找到最佳方案。

智慧解读

严相公的心胸真是令人惊叹，这种解决办法可以说是人世间最好的了。只可惜严相公这样的人太少了。

六尺巷

清朝时期，宰相张廷玉与一位姓叶的侍郎都是安徽桐城人。两家毗邻而居，都要起房造屋，为占地皮，发生了争执。张老夫人便修书北京，要张宰相出面干预。这位宰相到底见识不凡，看罢来信，立即作诗劝导老夫人："千里家书只为墙，让他三尺又何妨？万里长城今犹在，不见当年秦始皇。"

张母见书明理，立即把墙主动退后三尺；叶家见此情景，深感惭愧，也马上把墙让后三尺。这样，张叶两家的院墙之间，就形成了六尺宽的巷道，成了有名的"六尺巷"。

张廷玉失去的是祖传的几分宅基地，换来的却是邻里的和睦及流芳百世的美名。

「哲理名言」千里家书只为墙，让他三尺又何妨？万里长城今犹在，不见当年秦始皇。

31

哲理名言：一句名言可以影响人的一生。

轻松提升语文水平，素质阅读，拓展思维

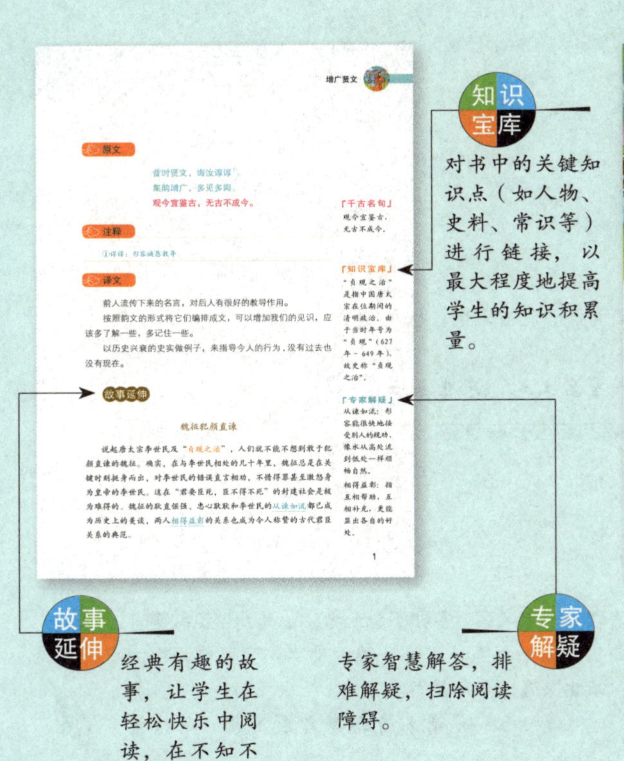

知识宝库

对书中的关键知识点（如人物、史料、常识等）进行链接，以最大程度地提高学生的知识积累量。

故事延伸

经典有趣的故事，让学生在轻松快乐中阅读，在不知不觉中增长见识。

专家解疑

专家智慧解答，排难解疑，扫除阅读障碍。

图文并茂

精美的彩色插图，令经典的情节完美呈现，让读者在阅读文字的同时，感受具体的情景描述，增加阅读的乐趣。

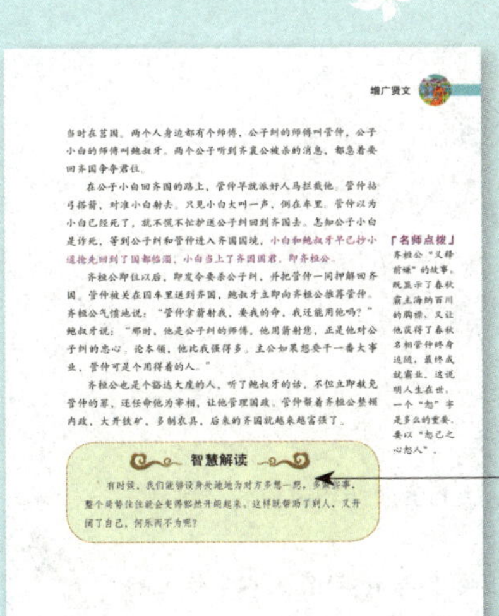

重点测试

精选重点内容、核心试题，巩固阅读，考查阅读、分析、思考问题的能力。

智慧解读

用精炼的语言提取故事精华，说明道理，帮助读者理解故事内容。

★ 本书文学地位 ★

其采择也奇而法，其搜罗也简而赅。班香宋艳，悉入熏陶；水佩风裳，都归剪裁。

——清代著名文人　米东居士

诸联少则十余字，多亦不越三十字。其间议论叙事，波澜曲折，无所不有，可作一篇大文字，又可作两篇大文字。如此快笔，得未曾有。

——明末清初著名书法家　纪伯紫

每读一联，如披其帷见其人，且能概其生平。即以此为汝南月旦可也。

——明末清初　王之辅（著名画家王著之父）

笠翁作联，如绘小像，且能使肝肠毕露，须眉俱动。真颊上三毛手也！

——明末清初知名文人　陆左辖

作品速览

《增广贤文》以有韵的谚语和文献佳句选编而成，其内容十分广泛，一是谈人及人际关系，二是谈命运，三是谈如何处世，四是表达对读书的看法。可以说从礼仪道德、典章制度到风物典故，几乎无所不含；同时语句通顺，易懂。其中心则是讲人生哲学、处世之道。文中对忍让多有描述，认为忍让是消除烦恼祸患的方法。在主张自我保护、谨慎忍让的同时，也强调人的主观能动性，认为这是做事的原则。其中一些谚语、俗语，反映了中华民族千百年来形成的勤劳朴实、吃苦耐劳的优良传统，成为宝贵的精神财富，如“一年之计在于春，一日之计在于寅”“一饭一粥，当思来之不易，半丝半缕，恒念物力维艰”等。许多关于社会、人生方面的内容，经过人世沧桑的千锤百炼，成为警世喻人的格言，如“忠言逆耳利于行，良药苦口利于病”“善有善报，恶有恶报”“乐不可极，乐极生悲”等。一些谚语、俗语总结了千百年来人们同自然做斗争的经验，成为简明生动的哲理式的科学知识，如“近水知鱼性，近山知鸟音”“近水楼台先得月，向阳花木早逢春”等。

创作背景

《增广贤文》为中国古代儿童启蒙书目，又名《昔时贤文》《古今贤文》。书名最早见之于明代万历年间的戏曲《牡丹亭》，据此可推知此书最迟写成于万历年间。后来，经过明、清两代文人的不断增补，才改成现在这个模样，称《增广昔时贤文》，通称《增广贤文》。作者一直未见任何书载，只知道清代同治年间儒生周希陶曾进行过重订，很可能是民间创作的结晶。

《增广贤文》从表面上看似乎杂乱无章，但只要认真通读全书，不难发现有其内在的逻辑。该书对人性的认识，以"性本恶"为前提，以冷峻的目光洞察社会人生。亲情被金钱污染，"贫居闹世无人问，富在深山有远亲"；友情只是一句谎言，"有酒有肉多兄弟，急难何曾见一人"；尊卑由金钱来决定，"不信但看筵中酒，杯杯先敬有钱人"；法律和正义为金钱所操纵，"衙门八字开，有理无钱莫进来"；人性被利益扭曲，"山中有直树，世上无直人"；世故导致人心叵测，"画虎画皮难画骨，知人知面不知心"；人言善恶难辩，"入山不怕伤人虎，只怕人情两面刀"。《增广贤文》把社会诸多方面的阴暗现象高度概括，冷冰冰地陈列在读者面前。《增广贤文》绝大多数句子都来自经史子集、诗词曲赋、戏剧小说以及文人杂记，其思想观念都直接或间接地来自儒、释、道各家经典。从广义上来说，它是雅俗共赏的"经"的普及本，不需讲解就能读懂。通过读《增广贤文》同样能领会到经文的思想观念和人生智慧。

主角秀场

● 唐太宗李世民

唐朝第二位皇帝，年号贞观，开创了中国历史上著名的“贞观之治”。公元 649 年 7 月 10 日（贞观二十三年五月己巳日），因病驾崩于含风殿，享年五十二岁，在位二十三年，庙号太宗，葬于昭陵。

● 汉文帝

名刘恒，汉高祖刘邦第四子，封代王。后吕后专权，绛侯周勃诛诸吕，迎代王入朝为帝，是为汉文帝，与其子景帝同为大名鼎鼎的“文景之治”的开创者。

● 花蕊夫人

后蜀主孟昶的费贵妃，五代十国女诗人，青城（今都江堰市东南）人。幼能文，尤长于宫词。得幸蜀主孟昶，赐号花蕊夫人。后因卷入政治漩涡，被宋太宗赵光义射杀。

● 祖逖

字士稚，汉族，范阳遒县（今河北涞水）人，东晋名将。西晋末年，率亲朋党友避乱于江淮。公元 313 年，以奋威将军、豫州刺史的身份进行北伐，进封镇西将军。成语“闻鸡起舞”“中流击楫”讲的就是祖逖。

● 亨利·威尔逊

美国第 18 任副总统，生于新罕布什尔州法明顿。1840 年当选马萨诸塞州众议员。他反对奴隶制度，脱离辉格党后筹建共和党。战后积极为黑人建立完整的政治、民权措施。1855~1873 年任联邦参议员。1872 年在尤里西斯·辛普森·格兰特政府任副总统。1875 年因中风卒于华盛顿。

作品影响

《增广贤文》还是谚语的选集。它的作者是人民大众，是民间集体创作的结果。

作为一部发蒙之书，《增广贤文》对传承中华五千年历史哲学、维系一脉相承的中华文化，起到了不可估量的影响和作用，尤其值得当世之人仔细阅读。

目录

Contents

原文

昔时贤文，诲汝谆谆[1]。
集韵增广，多见多闻。
观今宜鉴古，无古不成今。

注释

①谆谆：形容诚恳教导。

译文

前人流传下来的名言，对后人有很好的教导作用。

按照韵文的形式将它们编排成文，可以增加我们的见识，应该多了解一些，多记住一些。

以历史兴衰的史实做例子，来指导今人的行为，没有过去也没有现在。

故事延伸

魏征犯颜直谏

说起唐太宗李世民及“贞观之治”，人们就不能不想到敢于犯颜直谏的魏征。确实，在与李世民相处的几十年里，魏征总是在关键时刻挺身而出，对李世民的错误直言相劝，不惜得罪甚至激怒身为皇帝的李世民。这在“君要臣死，臣不得不死”的封建社会是极为难得的。魏征的耿直倔强、忠心耿耿和李世民的从谏如流都已成为历史上的美谈，两人相得益彰的关系也成为令人称赞的古代君臣关系的典范。

「千古名句」

观今宜鉴古，无古不成今。

「知识宝库」

“贞观之治”是指中国唐太宗在位期间的清明政治。由于当时年号为“贞观”（627年－649年），故史称“贞观之治”。

「专家解疑」

从谏如流：形容能很快地接受别人的规劝，像水从高处流到低处一样顺畅自然。

相得益彰：指互相帮助，互相补充，更能显出各自的好处。

「专家解疑」

爱不释手：喜爱得舍不得放下。

直言不讳：直截了当地说出来，没有丝毫顾忌。

有一次，酷爱走狗飞鹰的李世民搞到了一只非常英武的鹞鹰，爱不释手，经常架在自己的手臂上玩赏。这天李世民正在逗鹰玩，远远地看见魏征向自己走来。他知道魏征一向反对自己玩鸟弄花，因为这一类的玩乐会分散精力，耽误国家大事，便偷偷将鹞鹰藏到了怀中。偏偏魏征已经看见了，故意说个没完，李世民连插嘴的机会都没有，又不敢将鹞鹰从怀中拿出来。结果等到魏征把话说完，李世民三言两语把魏征打发走了，再掀开龙袍一看，鹞鹰已经被闷死了。李世民有苦说不出，只得自认倒霉。

魏征的忠心耿耿和直言不讳，不但李世民极为赞赏，就连长孙皇后也深为叹服。在李世民的女儿长乐公主出嫁时，就公主的嫁妆应不应该超出她的姑姑永嘉长公主的问题，魏征和李世民又发生了分歧。魏征认为按照古代的礼制，公主的嫁妆不应超过她的姑姑。视长乐公主为掌上明珠的李世民自然听不进魏征的这番话，两人不免又有一番争执。

后来李世民将魏征所言讲给长孙皇后听，以贤惠著称的长孙皇后忍不住感叹道："臣妾经常听陛下夸奖魏征，但一直不知魏征究竟好在哪里。今天听陛下这么一说，才知魏征真是个敢于直言的社稷之臣。臣妾与陛下虽是夫妻，但是平常说话，都要先看陛下的脸色，怕招得陛下不高兴。而魏征与陛下不过是君臣关系，却能如此数落陛下的不是，只要他说得对，臣妾以为陛下应该听他的。"其实李世民心里早就觉得魏征说得有理，听长孙皇后这么一说，不但立即采纳了魏征的意见，还下令赏赐了魏征。

当然，作为身份悬殊的君臣，魏征和李世民之间的关系，也并不总是这样融洽和睦、充满喜剧色彩的。在大多数情况下，李世民确实能以大局为重，以封建君主少见的肚量和胸怀接纳魏征的大胆进谏。但是，身为皇帝的他，长久生活在众星拱月的气氛中，加之才干远远超出一般君主，本来就有极强的自尊心，因此有时也难免对魏征的苦口婆心产生抵触情绪，严重时甚至失去理智。

有一天，李世民早朝后回到内宫，脸色十分难看，一边还在恨恨地自言自语道："总有一天要杀了这个乡下佬！"这话被一旁的长孙皇后听到了，便问李世民说的是谁。怒气冲冲的李世民朝门外白了一眼，说："除了魏征还有谁？这乡下佬总是在大庭广众下强词夺理，和朕过不去。要是人人像他这样，朕这个皇帝还怎么当？"

长孙皇后没有说话，悄悄退了出去。过了一会儿，长孙皇后身穿在重大典礼中才穿的朝服站到了李世民面前。李世民见状吃了一惊，连忙问皇后为何作这样的打扮。皇后一反平时的温厚柔顺，正色道：*"臣妾听说君主圣明则臣下敢于直言。现在陛下有魏征这样的直言之臣，说明陛下英明，万民有福，臣妾怎么敢不来向陛下郑重道贺呢？"* 长孙皇后的一番话，说得有理有节，不温不火。李世民听后，如梦方醒，羞愧地执住皇后的手，说："多亏娘娘提醒，要不朕将铸成大错了。"

「专家解疑」

贤惠：指妇女心地善良，通情达理，对人和蔼。

「名师点拨」

李世民在绝大多数情况下，出自稳定政权、收买人心的需要，他是能够并且乐意做一个从谏如流的君主的。但是这并不是说他和魏征之间就没有龃龉和摩擦。

「智慧引路」

长孙皇后是历史上著名的贤后，这句话是她的名言。小朋友们，我们也要像长孙皇后这样，敢于直言奉劝自己身边的家人和朋友。

在李世民身边的文武大臣中，像魏征这样敢于不顾一切地进谏的直臣毕竟是个别的，绝大多数大臣见到李世民仍然是唯唯诺诺、百依百顺，明知李世民有错也不敢当面指出，而他们中的一部分人在上疏议事时倒常常是慷慨激昂、充满正义感的。对此李世民觉得很奇怪，便问魏征道："好多大臣上书议事都有很精辟的见解，怎么他们见了朕的面就讲不出个所以然来了呢？"魏征考虑了一下，便答道："据微臣所知，百官们如果有事要面奏陛下，常常要仔细考虑好多天，可以说他们面见陛下前是胸有成竹的。可是等到他们见到了陛下，原来已经考虑好的话常常连三分之一都讲不出来，这固然是因为他们在陛下面前感到拘束和紧张，也实在是因为有些劝谏的话难免要惹得陛下不痛快；要是陛下不鼓励他们放开来说，他们哪里敢想到什么就说什么呢？"

听罢魏征的这番话，李世民恍然大悟。从此，他便尽量在文武大臣面前展示自己温和、可亲的一面，减少他们对自己的敬畏之心。可以说，魏征以自己在皇帝面前的特殊地位和通情达理的分析，为同僚们争取到了一个宽松、和谐的话语环境。对于自己和群臣的亲密关系，李世民曾经不无得意地自夸道："隋炀帝喜欢猜忌和提防别人，临朝时对群臣很少说话。朕和他不一样，与群臣相亲相容，犹如一人。"

在和李世民共事的十多年中，魏征犯颜直谏的事数不胜数，以他的正直、忠诚、识见超凡赢得了李世民的信任和赏识，也赢得了满朝文武的尊敬，从而成为历史上最有名的大臣之一。贞观十七年（公元 643 年），魏征当了 15 年宰相（魏征于贞观三年拜相，任秘书监参与朝政）之后，因病逝世。在他病重期间，李世民曾亲自到他家探望，死后又为他安排了隆重的葬礼。时隔很久，李世民仍然不能从失去魏征的惆怅中恢复过来。他曾经情不自禁地对侍臣们说："人以铜为镜（古人以铜制镜，光可鉴人），可以整理自己的容貌；以历史为镜，可以看到朝代的兴废和人事的沧桑；以别人为镜，可以知道自己的优点和缺点。现在，魏征去世了，朕少了一面镜子！"

「专家解疑」

胸有成竹：画竹子时心里有一幅竹子的形象（见于宋晁补之诗"与可画竹时，胸中有成竹"。与可是宋代画家文同的字）。比喻做事之前已经有通盘的考虑。也说成竹在胸。

「名师点拨」

贞观之治的开创，除了李世民本人的雄才大略之外，跟魏征以其犯颜直谏开拓的宽松融洽的朝堂环境也是密不可分的。李世民感慨地说出了这句千古名言，寄托对魏征的哀思。

智慧解读

李世民和魏征的故事是封建社会的君臣佳话，对现实生活也有积极的指导意义。一位好的领导者，一定要有海纳百川的心胸，能虚心接纳各方意见。

文景之治

西汉初年，经济萧条，到处都是一片荒凉的景象。汉高祖及其后的汉文帝、汉景帝等，吸取秦灭的教训，减轻农民的徭役和劳役等负担，注重发展农业生产。文景时期，提倡节俭，重视“以德化民”，社会比较安定，经济得到发展。历来被视为封建社会的“盛世”，史称“文景之治”。

西汉王朝建立后，汉高祖、惠帝、吕后都着力于恢复农业生产，稳定封建统治秩序，收到了显著的成效。文、景两帝相继即位后，又在这基础上进一步采取了轻徭薄赋、与民休息的措施。

汉文帝十分重视农业生产，他即位后多次下诏“劝课农桑”，按户口比例设置三老、孝悌、力田若干员，经常给予他们赏赐，以鼓励农民发展生产。同时还注意减轻人民负担，文帝二年（公元前178年）和十二年（公元前168年），曾两次“除田租税之半”，即租率减为三十税一，十三年还全部免去田租。自后，三十税一遂成为汉代定制。文帝时，算赋也由每人每年一百二十钱减至四十钱，徭役则减至每三年服役一次。景帝二年（公元前155年），又把秦时十七岁傅籍给公家徭役的制度改为二十岁始傅，而著于汉律的傅籍年龄则为二十三岁。文帝还下诏“弛山泽之禁”，即开放原来归国家所有的山林川泽，从而促进了农民的副业生产和与国计民生有重大关系的盐铁生产事业的发展。文帝十二年又废除了过关用传制度，这有利于商品流通和各地区间的经济联系，对于农业生产的发展也有一定促进作用。

“文景之治”之所以成为封建社会的盛世，与文帝个人励精图治是分不开的。他即位不久，就废止诽谤妖言之罪，使臣下能大胆地

「专家解疑」

萧条：①寂寞冷落，毫无生气。②资本主义社会中紧接着周期性经济危机之后的一个阶段，其特征是工业生产处于停滞状态，物价低落，商业萎缩。

「名师点拨」

西汉经历了秦朝残暴的统治和春秋战国长达数百年的纷争，国力贫弱，以至于刘邦甚至找不到五匹颜色一样的马来拉车。在这种情形之下，采取“与民休息”的政策是正确且及时的。

提出不同的意见。*秦代以来有所谓“秘祝”之官，凡有灾祥就移过于臣下。文帝十三年（公元前167年）下诏废除并且声明：百官的错误和罪过，皇帝要负责。*次年，他又禁止祠官为他祝福。文帝自奉也相当节俭，在位二十三年，宫室苑囿、车骑服御之物都没有增添。他屡次下诏禁止郡国贡献奇珍异物。他所宠爱的慎夫人衣不曳地，帷帐不施文绣。文帝曾想建造一座露台，听说要花费百金，等于中人十家之产，于是作罢。因为文帝提倡俭约，所以当时国家的财政开支有所节制和缩减，贵族官僚也不敢滥事搜刮，奢侈无度，从而减轻了人民的负担，这是“休养生息”政策的重要内容之一。

「智慧引路」“秘祝”之官的废除，显示了文帝博大的襟怀。百官的错误和罪责，都由皇帝负责，不再移过于臣下。小朋友们，我们也要学习文帝这种勇于担当的精神，做一个敢于负责的好孩子。

文、景两帝采取了上述一系列措施，使当时社会经济获得显著的发展，封建统治秩序也日臻巩固。西汉初年，大侯封国不过万家，小的五六百户；到了文景之世，流民还归田园，户口迅速繁息。列侯封国大者至三四万户，小的也户口倍增，而且比过去富实得多。农业的发展使粮价大大降低，文帝初年，粟每石十余钱至数十钱。据《汉书·食货志》记载，汉初至武帝即位的七十年间，由于国内政治安定，只要不遇水旱之灾，百姓总是人给家足，郡国的仓廪堆满了粮食。太仓里的粮食由于陈陈相因，致腐烂而不可食。政府的库房有余财，京师的钱财有千百万，连串钱的绳子都朽断了。这是对“文景之治”十分形象的描述。

「专家解疑」陈陈相因:《史记·平准书》:“太仓之粟，陈陈相因。”国都粮仓里的米谷，一年接一年地堆积起来。后用来指沿袭老一套，没有改进。

智慧解读

对于我们阅读中发现的一些好的词句，我们要善于把它们记录下来。这样，无论是在今后的学习还是生活中，这些名言警句都会带给我们很多的启发。

原文

知己知彼，将心比心。

酒逢知己饮，诗向会①人吟。

相识满天下，知心能几人。

「千古名句」

知己知彼，将心比心。

注释

①会：理解，懂得，会意。

译文

了解自己，了解别人，肯站在别人的立场上设身处地为别人着想，就能体会到别人的感受。

酒要与了解自己的人去喝，诗要跟懂得的人去讲说、讨论。

认识的人很多，可彼此知心的没有几个。

「专家解疑」

设身处地：设想自己处在别人的地位或境遇中。

蓬莱：神话中渤海里仙人居住的岛。

故事延伸

俞伯牙与钟子期

俞伯牙从小就酷爱音乐，他的老师成连曾带着他到东海的蓬莱山，领略大自然的壮美神奇，使他从中悟出了音乐的真谛。他弹起琴来，琴声优美动听，犹如高山流水一般。虽然，有许多人赞美他的琴艺，但他却认为一直没有遇到真正能听懂他的琴声的人。他一直在寻觅自己的知音。

「名师点拨」

俞伯牙要的知音是那种能听懂他音乐的人，而不是单纯觉得音乐好听的人，所以即使有这么多的人赞美他，他依然觉得知音难寻。

有一年，俞伯牙奉晋王之命出使楚国。八月十五那天，他乘船来到了汉阳江口，遇到风浪，停泊在一座小山下。晚上，风浪渐渐平息了下来，云开月出，景色十分迷人。望着空中的一轮明月，俞伯牙“琴兴大发”，拿出随身带来的琴，专心致志地弹了起来。他弹了一曲又一曲，正当他沉醉在优美的琴声之中的时候，猛然看到一个人在岸边一动不动地站着。俞伯牙吃了一惊，手下用力，“啪”的一声，琴弦被拨断了一根。俞伯牙正在猜测岸边的人为何而来，就听到那个人大声地对他说：“先生，您不要疑心，我是个打柴的，回家晚了，走到这里，听到您在弹琴，觉得琴声绝妙，不由得站在这里听了起来。”

「名师点拨」岸边的人就是钟子期，他是俞伯牙终其一生寻觅的曲中知己。俞伯牙是幸运的，到底遇见钟子期。而多少人穷其一生都在寻寻觅觅，最终也没有找到那个真正的知音。

俞伯牙借着月光仔细一看，那个人身旁放着一担干柴，果然是个打柴的人。俞伯牙心想：一个打柴的樵夫，怎么会听懂我的琴呢？于是他就问：“你既然懂得琴声，那就请你说说看，我弹的是一首什么曲子？”

听了俞伯牙的问话，那打柴的人笑着回答：“先生，您刚才弹的是孔子赞叹弟子颜回的曲谱；只可惜，您弹到第四句的时候，琴弦断了。”

打柴人的回答一点不错，俞伯牙不禁大喜，忙邀请他上船来细谈。那打柴人看到俞伯牙弹的琴，便说：“这是瑶琴，相传是伏羲氏造的。”接着他又把这瑶琴的来历说了出来。听了打柴人的这番讲述，俞伯牙心中不由得暗暗佩服。接着俞伯牙又为打柴人弹了几曲，请他辨识其中之意。当他弹奏的琴声雄壮高亢的时候，打柴人说：“这琴声，表达了高山的雄伟气势。”当琴声变得清新流畅时，打柴人说：“这后弹的琴声，表达的是无尽的流水。”

「名师点拨」伏羲造瑶琴，人间有知音。伏羲造出瑶琴，是为了求得琴的识者；伯牙弹《高山流水》，是为求得曲的知音。他们都求仁得仁，世上知音稀，但终究还是有。

俞伯牙听了不禁惊喜万分，自己用琴声表达的心意，过去没有人能听得懂，而眼前的这个樵夫，竟然听得明明白白。没想到，在这野岭之下，竟遇到自己久久寻觅不到的知音，于是他问明打柴人名叫钟子期，和他喝起酒来。俩人越谈越投机，相见恨晚，结拜为兄弟。约定来年的中秋再到这里相会。

和钟子期洒泪而别后的第二年中秋，俞伯牙如约来到了汉阳江口，可是他等啊、等啊，怎么也不见钟子期来赴约，于是他便弹起琴，来召唤这位知音，可是又过了好久，还是不见人来。第二天，俞伯牙向一位老人打听钟子期的下落，老人告诉他，钟子期已不幸染病去世了。临终前，他留下遗言，要把坟墓修在江边，到八月十五相会时，好听俞伯牙的琴声。

听了老人的话，俞伯牙万分悲痛。他来到钟子期的坟前，凄楚地弹起了古曲《高山流水》。弹罢，他挑断了琴弦，长叹了一声，把心爱的瑶琴在青石上摔了个粉碎。他悲伤地说：“我唯一的知音已不在人世了，这琴还弹给谁听呢？”

「智慧引路」

俞伯牙在钟子期死后，摔碎瑶琴，终生不再弹琴。小朋友们，人生难得一知己，我们一定要善待我们身边的朋友，他们就是我们人世的知音，了解我们的酸甜苦辣，也分担我们的欢乐与哀愁。

智慧解读

“不惜歌者苦，但伤知音稀”，俞伯牙在钟子期去世之后摔碎瑶琴，终身不复鼓琴。因为俞伯牙明白，像钟子期这样的千古知音是多么的可贵，不可能再遇到第二个。

驴和哈巴狗

有个人养了一头驴和一只哈巴狗。驴子关在栏子里，虽然不愁温饱，却每天都要到磨坊里去拉磨，到树林里去拉木材，工作挺繁重；而哈巴狗会演许多小把戏，很得主人的欢心，每次都能得到好吃的当奖励。

驴子在劳累之余，难免有怨言，总抱怨命运对自己不公平。

一天，机会终于来了，驴子扭断缰绳，跑进主人的房间，学哈巴狗那样围着主人跳舞，又蹬又踢，撞翻了桌子，碗碟摔得粉碎。这样驴子还觉得不够，它居然趴到主人身上去舔他的脸，把主人吓坏了，直喊救命。

大家听到喊叫急忙赶到，驴子正等着奖赏，没想到反挨了一顿痛打，被重新关进了栏子里。

「名师点拨」

这个故事便是正文中“酒逢知己饮，诗向会人吟”的延伸。哈巴狗机灵可爱，主人喜欢他机灵的特点，人犬其乐融融；但驴子也不顾自身特点，东施效颦，就只能贻笑大方了。

智慧解读

哈巴狗是主人的“知音”，哈巴狗以艺事人，和主人“惺惺相惜”。驴子也渴望成为主人的“知音”，可他笨拙的舞蹈却吓坏了主人，最后只得到一顿痛打。驴子不知道，有时候所谓的知音也建立在恪守本分上面的。

原文

相逢好似初相识，到老终无怨恨心。
近水知鱼性，近山识①鸟音。
易涨易退山溪水，易反易复小人心。

「千古名句」
近水知鱼性，近山识鸟音。

注释

①识：分辨。

译文

「专家解疑」
自始至终：从开始到结束。

每次相逢都像初次认识一样有礼有节，这样的感情到老都不会导致怨恨。

离水近能知道鱼的情况，在山边能分辨各种鸟的声音。

山溪里的水随着季节时涨时退，不明事理的小人反复无常、变化不定。

「名师点拨」
管仲开门见山，直接向齐桓公说了一些奸佞之人的名字，这一方面说明了他大胆、直接，另一方面也为他接下来的分析做了铺垫。

故事延伸

管仲辨奸佞

管仲病危时，齐桓公去看望他，向他请教：“您生病了，有什么话嘱咐我吗？”管仲回答说：“我希望主公您能够远离易牙、竖刁、常之巫、卫公子启方这一伙人。”齐桓公不解地问：“易牙煮了自己儿子的肉来孝敬我，说明他爱我胜过爱他的儿子，难道还要怀疑他吗？”管仲说：“人之常情，做父母的没有不疼爱自己儿子的，易牙对自己的儿子都这么残忍，对国君又怎么能好呢？”齐桓公又问：“竖刁不惜阉割自己来侍奉我，说明他爱我胜过爱自己的身体，难道还要怀疑他吗？”管仲说：“人之常情，没有不爱惜自己身体的，竖刁连自己的身体都不爱惜，对国君又怎么能好呢？”齐桓公又问：“常之巫能够占卜人的生死，为我治病，难道还不能信任他吗？”管仲说：“生死有命，富贵在天，大王不相信天命，固守本分，而依靠常之巫，他将借此来胡作非为。”齐桓公又问：“卫公子启方侍候我都十五年了，他父亲去世的时候都没有回去奔丧，这样的人难道还不能信任吗？”管仲说：“人之常情，没有不爱自己的父亲的，卫公子对待自己的父亲尚且如此无情，对国君又怎么能好呢？”齐桓公最后说：“好，我就照你的意思去办。”管仲去世后，齐桓公就把这四个人全都赶走了。

「专家解疑」

胡作非为：不顾法纪或舆论，任意行动。

「名师点拨」

“管仲辨奸”是有名的春秋故事，“近水知鱼性，近山识鸟音”，多年相处，管仲看清了四人的卑劣，最终为齐桓公“清君侧”。而四人后来的作为，也印证了管仲的话是多么地具有先见之明。

智慧解读

名相管仲在他生命的最后时刻为齐桓公清君侧，扫除了政权的障碍。朋友固然可贵，但不是所有的朋友都值得相信并且珍惜。当我们身边也有竖刁这样的朋友的时候，我们能不能及时发现并且远离呢？

原文

运去金成铁，时来铁似金。

读书须用意，一字值千金。

逢人且说三分话，未可全抛一片心①。

有意栽花花不发，无心插柳柳成荫。

「千古名句」

有意栽花花不发，无心插柳柳成荫。

注释

①“逢人”二句：语出冯梦龙《警世通言》。逢：遇见。

译文

运气不再的时候即使金子也会变成铁，运气降临时即使是铁也会变成金子。

读书只有下苦功夫，才会有文辞精妙的文章。

对人说话要留有余地，不要一吐为快，不能把心全部交给别人。

想办的事情却没达到目的，没想到会办成的事居然成了。

「专家解疑」

余地：指言语或行动中留下的可回旋的地步。

形形色色：状态词。各种各样。

故事延伸

一字千金

战国末期，秦国有一个大商人，名叫吕不韦。他在赵国经商时，曾资助过秦国的质子异人（子楚），还把他的妾赵姬送给子楚为妻，后来子楚继承王位（秦庄襄王），吕不成为相国。庄襄王在位三年便病死了，由他十三岁的儿子政（赵姬所生）接替王位，这个政就是历史上有名的秦始皇。他尊称吕不韦为仲父，慢慢地行政大权全落在吕不韦和赵姬的手中。

当时养士之风很盛，吕不韦养了三千门客，作为他的“智囊团”，替他想出各种各样的办法来巩固他的地位。这些门客，三教九流的人，形形色色，他们把自己的见解和心得汇集起来，写成一部二十余万言的巨著——《吕氏春秋》。吕不韦就把这部书作为秦国统一天下的法典。当时吕不韦把这书在秦国首都咸阳公布，悬赏说：如果有能在书中增加一字或删减一字者，就赏赐千金（相当于现在的一斤黄金）。

后来人们从这个故事引申出“一字千金”的成语，用来形容一篇文章极佳，每一字句都恰到好处，无法更改。

「名师点拨」

“一字千金”的典故出自《吕氏春秋》，而一字千金也是千百年文人孜孜不倦想要达到的事业终极目标。想要做到这一点，则要像原文中说的那样“读书须用意”。

智慧解读

读书要用心用意，书中凝聚着古人珍贵的生活智慧，那些经

过岁月淘洗的书籍更是一字千金。

秀才解梦

一位秀才第三次进京赶考，考试前两天他做了三个梦。第一个梦是梦到自己在墙上种白菜。第二个梦是梦到下雨天，他戴了斗笠还打伞。第三个梦是梦到跟一位漂亮姑娘躺在一起，但是背靠着背。

这三个梦似乎有些深意，秀才第二天就赶紧去找算命的解梦。算命的一听，连拍大腿说："你还是回家吧。你想想，高墙上种菜不是白费劲吗？戴斗笠打雨伞不是多此一举吗？跟姑娘都躺在一张床上了，却背靠背，不是没戏吗？"

「专家解疑」
多此一举：做不必要的、多余的事情。

秀才一听，心灰意冷，回到入住的客栈收拾包袱，准备回家。店老板非常奇怪，问："不是明天才考试吗，今天你怎么就回乡了？"

秀才如此这般说了一番。

店老板乐了："哟，我也会解梦的。我倒觉得，你这次一定要留下来。你想想，墙上种菜不是"高中"吗？戴斗笠打伞不是说明你这次有备无患吗？跟姑娘背靠背躺在床上，不是说明你翻身的时候就要到了吗？"秀才一听，发觉更有道理，于是精神振奋地参加考试，居然中了个探花。

「名师点拨」
梦境确实有不同的解读方式，店老板的解读就更加更加积极，而秀才也受到鼓舞，最终高中探花。时来运转的背后，与他自身多年的不懈努力和不轻信人言是分不开的。

智慧解读

有运气还要有本事，才能成就事业。光有运气没有本事，运气来了也只能眼睁睁地看着他溜走；光有本事没有运气，也很难找到适合的自己的平台，抓住机遇。

原文

画虎画皮难画骨，知人知面不知心。

钱财如粪土，仁义值千金。

流水下滩非有意，白云出岫[1]本无心。

当时若不登高望，谁信东流海洋深。

「千古名句」

流水下滩非有意，白云出岫本无心。

注释

①岫：山穴。

译文

画出老虎的外形十分容易，描绘老虎的本质很难；了解一个人的表面比较容易，了解一个人的内心和想法就比较困难了。

钱财如粪土，价值千金的是仁义和道德。

水从滩头流下并不是有意的，白云从岩穴逸出也出自无心。

当初若不是去登高望远，谁会相信向东流的水会汇成浩瀚的海洋呢？

「专家解疑」

浩瀚：①水势盛大。②形容广大或繁多。

投靠：前去依靠别人生活。

故事延伸

王应识人

东晋大将军王敦去世后，他的弟弟王含想要投靠王舒。

王含的儿子王应却在一旁劝父亲投奔王彬，王含说：“你难道不知道大将军生前和王彬的关系怎么样吗，怎么还能去投靠他呢？”王应说：“正是因为这样，才应该去投奔他。江州（指王彬）在别人强盛的时候能够不趋炎附势而另立门户，这不是一般人所能做到的。现在看到我们落难了，他一定会产生怜悯之心来救助我们；而荆州（指王舒）向来只知道循规蹈矩，怎么会破例收留我们呢？”

王含不听儿子的劝告，真的去投奔王舒，结果王舒果然把他们父子溺死在江里。而王彬当初听说王应和他父亲要来，便悄悄地准备好船只在江边等候，结果没有等到。*后来听说王含父子投奔王舒惨遭厄运，王彬深深地感到遗憾。*

「智慧引路」

王应的识人之术比他的父亲要高明，但他最终没能说服父亲。父子俩白白丢了性命。小朋友们，我们遇事一定要坚持做正确的事，不要被别人左右了思想，不过善意的建议也要虚心接纳。

智慧解读

这是一桩令人扼腕的悲剧，王应有识人之明，却没能说服自己的父亲。人不长“前后眼”，想要完全看清前路并且一直遵循正确的道路是很难的，这不仅需要大智慧，还需要大勇气。

两只蟋蟀的争斗

大战将至，两只蟋蟀怒目对视，随时准备扑上去置对方于死地。它们的主人正密切地注视着战局的发展。

“我说，咱们能否谈谈？”蟋蟀甲发出了和平信号。

“有什么可谈的？”蟋蟀乙问。

“你我这样咬得天昏地暗，非死即伤，人类却在看我们的笑话。每想至此，我都会悲愤满腔。”蟋蟀甲说道。

“大哥，此话有理，我们就是不咬，看看人类拿我们怎么办！”蟋蟀乙说。

突然蟋蟀甲乘蟋蟀乙不备，扑上来狠狠地咬了蟋蟀乙一口。

“大……哥，你怎么……”受了重伤的蟋蟀乙话未说完，就含恨死去了。

“先生，你这法子真灵！”蟋蟀甲朝他的主人大喊大叫。

「专家解疑」

天昏地暗：①形容乌云密布或刮大风时飞沙漫天的景象。②形容政治腐败或社会混乱。③形容程度深；厉害。

「名师点拨」

人世间的尔虞我诈已经突破了人兽的界限，连蟋蟀也看起兵法来了。正所谓“知人知面不知心”，何况本就是战场上你死我活的双方。

智慧解读

人心是这个世上最难察觉、分辨的东西，我们固然要相信这世上的美善，但同时要牢记古训“知人知面不知心”。对人、对事，要始终保持一颗清澈的心，有坚守，不盲从。

原文

路遥知马力，事久见人心。

两人一般心，无钱堪[①]买金，

一人一般心，有钱难买针。

相见易得好，久住难为人。

马行无力皆因瘦，人不风流只为贫。

饶人不是痴汉，痴汉不会饶人。

「千古名句」

路遥知马力，事久见人心。

注释

①堪：能，可以，足以。

译文

路途远了才知道马有多少脚力，跟人相处久了才能了解人心的好坏。

两个人一条心，日子越过越好；反之则越过越穷，一事无成。

一两次接触容易处理好关系，长期在一起关系就难处了。

马跑不起来都是因为太瘦、没力气；人不能扬眉吐气就只是因为穷。

宽以待人的人不是愚笨的人，愚笨的人是不会宽以待人的。

「专家解疑」
扬眉吐气：形容被压抑的心情得到舒展而快活如意。

故事延伸

翟方进宽宏大量

清河的胡常和汝南的翟方进一起拜师求学。学成之后，胡常比翟方进先当上了老师，但后来名声却在翟方进之下。因此，胡常心里十分嫉妒翟方进。跟别人说话的时候常常贬抑翟方进，生怕别人笑话自己不如翟方进。翟方进得知此事后，就在胡常讲课时，让自己的学生们去听他的课，还向他请教经书中的一些疑难问题，并认真地做笔记。这样过了段时间，胡常明白翟方进是在有意推崇自己，而自己却处处贬抑翟方进，心里感到很内疚。从此以后，胡常便总在士大夫中间赞扬翟方进。

「名师点拨」
达者在拥有渊博学识的同时，必定有一颗宽宏大量的心。日久见人心，胡常最终明白了翟方进的谦恭和对自己的处处推崇。对于士大夫来说，比学问更重要的是品行和人心。

智慧解读

胡常的嫉妒相较于翟方进的谦恭，二人的境界高下立判。嫉妒是这个世上最可怖的东西，他会让一个人失去常性。

路遥知马力

话说路遥和马力是好朋友，路遥的父亲是富商，马力的父亲是路遥家的仆人。虽然是主仆关系，两人的关系却很好。他们一起读书，一起玩耍。到了该谈婚论嫁的年龄了，路遥有钱有势，不愁没老婆。而马力贫困潦倒，一直没人提亲。

有一天有媒人给马力提亲，马力大喜，但是对方却要昂贵的彩礼。马力只好请路遥帮忙，路遥说："借钱可以，但是结婚入洞房我来替你前三天。"马力怒发冲冠，但是又没有办法，总不能光棍一辈子，只好答应。于是选择好日子结婚。

「专家解疑」
怒发冲冠：因怒而头发直竖，把帽子都顶起来了，形容非常愤怒。

马力熬过痛苦的前三天，第四天该他洞房了，心里懊恼呀！天一黑就一头栽进洞房拉被蒙头就睡觉。新娘子就问："夫君，为何前三夜都是通宵读书，今天却蒙头大睡？"马力这才知道路遥给他开了个大玩笑，真是又喜又恼。于是发誓好好读书，考取功名，后来考上了进士并在京城做了大官。

路遥性情豪放，侠肝义胆，最后却坐吃山空。看到自己一家实在无法度日，想起曾经资助的朋友马力，于是就和老婆商量自己进京去找他帮助。马力见到路遥很是高兴，热情款待，路遥说明来意，马力却说："喝酒！喝酒！"根本没有帮助他的意思，路遥很恼。过了几天，马力说："路兄，你回家吧，免得嫂夫人牵挂！"路遥只得气愤、沮丧地回家。

「名师点拨」
马力的诙谐在此显示得淋漓尽致，俏皮地"报复"了好友曾经的捉弄。路遥和马力的友谊也在天长地久中慢慢磨合，彼此了解。对待朋友，有时候需要一点耐心。

还没进家就听见家里哭成一片，急忙进来。看到妻儿守着一口棺材痛哭，一见路遥进来家人又惊又喜。原来是马力派人送来棺材说：路遥到京城后，生了重病，医治无效而死！路遥更加恼怒，打开棺材一看里面是金银财物，还有一纸条，上写：你让我妻守三天空房，我让你妻痛哭一场。

智慧解读

对任何人和事，都不要轻易下结论，否则往往会追悔莫及；即使是再聪明的人，也往往会因沉不住气或者一时的意气误解朋友而悔恨终生。想要有一双识人的慧眼，唯有增加阅历。天长日久，人心自现。

「专家解疑」
慧眼：泛指敏锐的眼力。

原文

是亲不是亲，非亲却是亲。
美不美，乡中水；亲不亲，故乡人。
莺花犹[①]怕春光老，岂可教人枉[②]度春？
相逢不饮空归去，洞口桃花也笑人。
红粉佳人休使老，风流浪子莫教贫。
在家不会迎宾客，出外方知少主人。

「千古名句」
相逢不饮空归去，洞口桃花也笑人。

注释

①犹：尚且。
②枉：徒然，空，白。

译文

是亲人不当作亲人看待，不是亲人却当作亲人看待。

对故乡的东西倍感美好，对同乡的人倍感亲切。

莺花尚且怕春光流逝，我们怎么可以让人白白地度过大好时光呢？

好友相逢不喝酒，简直太惹人笑话了。

漂亮的女人休要让她老，风流的浪子不要让他贫困。

在家不会接待客人，出去后才知道这个问题的重要性。

「智慧引路」
小朋友们，浪费时间是一件十分可耻的事情，尤其是正值大好年华的你们，更不能浪费时间，应多做有意义的事。

故事延伸

杜十娘

明朝万历年间，北京城南的“教坊司”名妓杜十娘偶遇南京布政老爷的公子李甲，李甲爱其美貌红颜，杜十娘倾其举止文雅，二人情投意合。李甲不顾学业，日日沉浸在温柔乡里，渐渐耗尽了钱财。其父闻后怒不可遏，断了他的供给，并告诫京城的亲戚都不要借钱给他。

「专家解疑」

情投意合：双方思想感情融洽，心意相合。

怒不可遏：愤怒得不能抑制，形容愤怒到了极点。

一筹莫展：一点儿计策也施展不出；一点儿办法也想不出。

杜十娘决心将终身托付给温良敦厚的李甲。老鸨儿同意，只要李甲在十日内拿出三百两银子就可赎出杜十娘。但他在亲友中早已坏了名声，谁也不会拿出钱来帮他往妓院里填。

李甲奔波数日，一筹莫展，杜十娘取出缝在被子里的碎银一百五十两，李甲的好友柳遇春被这位风尘女子的行为感动，设法凑足了那一百五十两银子。十天后果然把银两如数交到老鸨儿面前，老鸨儿本想反悔，杜十娘晓以利害，老鸨儿只得放人。

于是两个有情人在柳遇春住所喜结百年之好。杜十娘与李甲本要回到老家去，无奈李甲心存顾虑，携妓而归，难以向父亲交代。杜十娘献计说：先到苏杭胜地游览一番，然后郎君回家，求亲友在尊父面前劝解和顺；待李父消气后，再来接她。李甲依命而行。

二人行到瓜州古渡之时，遇到了好色又阴险的富贾孙富。他夜饮归舟，听到杜十娘的歌声，心动不已。天亮以后，从窗口向内视其容貌，更觉心荡神摇。孙富假意与李甲相接近，饮酒畅谈，谈到杜十娘时，李甲告知其事情的原委，*孙富叹道：“尊父位高，怎容你娶妓为妻！到时候进退两难，岂不落得不忠不孝、不仁不义的下场？”*

「智慧引路」

“宁折一座庙，不折一桩婚”。孙富的这种行为是不对的，我们在知道朋友有麻烦后，应尽力帮助，而不是趁火打劫。

他这么一说，李甲更觉得步履维艰。孙富又拿出一副“为朋友两肋插刀”的架势说：“在下倒是愿以千金相赠，你拿着银钱回去，只说在京授馆，你父定会原谅你。”一番话说得李甲动了心，他一直怕回家后不能交差，一方面又觉得这样做有负杜十娘，要求回去

获得杜十娘允诺。

杜十娘听了李甲的言辞，如五雷轰顶，回忆自己童年被卖的经历，受尽屈辱，眼看已经逃出了火坑，原以为和李甲会过上幸福的生活，如今才看到他毫无主意，于是下定决心一死，以换李甲明白自己情意，之前还帮李甲谋划拿到孙富许诺的千金。翌日，杜十娘盛装打扮，先让孙富把银两放到李甲船上。自己站在踏板上，打开百宝箱，里面装满金银翡翠，各色珍奇玩物。杜十娘指着价值连城的金银珠宝，怒骂孙富拆散他们夫妻，痛斥李甲不能信任自己，有眼无珠，之后把宝物一件件抛向江中，最后纵身跃入滚滚波涛之中。

「专家解疑」
五雷轰顶：比喻遭到巨大的打击。

「名师点拨」
“红粉佳人休使老，风流才子休教贫。”对于李甲这样的风流才子来说，贫穷看似是他对杜十娘始乱终弃的理由，但究其本质，是他的自私与懦弱，害死了千古名妓杜十娘。

智慧解读

有时候，我们太急于摆脱困境而误入歧途，遭受更大的损失。在这个纷繁复杂的人世上，一双识人的慧眼，有时候胜过百宝箱中的万金。

原文

黄金[1]无假，阿魏[2]无真。
客来主不顾，应恐是痴人。
贫居闹市无人问，富在深山有远亲。
谁人背后无人说，哪个人前不说人？
有钱道真语，无钱语不真。
不信但看筵中酒，杯杯先劝有钱人。

「千古名句」
贫居闹市无人问，富在深山有远亲。

注释

①黄金：应做黄芩，一种常见中药材。
②阿魏：多年生一次性开花植物，名贵的中药。

译文

黄芩遍地都是，所以买黄芩是不会买到假货的；阿魏非常稀有，所以过去药店里的阿魏多是假的。

主人见客人来了不去打招呼，恐怕这只能是愚人。

人穷了住在闹市也没人愿意去，人富了住得再偏远也会有人去登门。

什么人背后不被人议论，又有谁在别人面前不去议论其他人呢？

有钱人说的都是真的，贫穷人说的都是假的。

不信你到筵席上看看，人人都会向有钱、有身份的人敬酒。

「智慧引路」
小朋友们，客人来了家里，应该热情迎接，千万不可爱搭不理，这样不仅会给人留下不礼貌的印象，还会失去朋友。

「专家解疑」
筵席：指宴饮时陈设的座位，借指酒席。

故事延伸

门可罗雀

西汉著名的史学家、文学家司马迁，曾经为汉武帝手下的两位大臣合写了一篇传记，一位是汲黯，另一位是郑庄。

汲黯，字长孺，濮阳人。景帝时，曾任“太子洗马”；武帝时，曾做过“东海太守”，后来又任“主爵都尉”。

郑庄，陈人。景帝时，曾经担任“太子舍人”，武帝时担任“大农令”。这两位大臣都为官清正，刚直不阿，曾位列九卿，权势高，威望重，声名显赫，上他们家拜访的人络绎不绝，出出进进，十分热闹，谁都以能与他们结交为荣。可是，由于他们太刚直了，汉武帝后来撤了他们的职。他们丢了官，失去了权势，就再也没人去拜访他们了。

开封的翟公曾经当过廷尉。他在任上的时候，登他家门拜访的宾客十分拥挤，塞满了门庭。后来他被罢了官，就没有宾客再登门，结果门口冷落得可以张起网来捕捉鸟雀了。官场多变，过了一个时期，翟公官复原职。于是，那班宾客又想登门拜访他。翟公感慨万千，在门上写了几句话：“一生一死，乃知交情；一贫一富，

「名师点拨」
“贫居闹市无人问，富在深山有远亲。”以上几人因为被罢官、撤职而门可罗雀，因位高权重而宾客盈门。翟公这几句话，是对世态炎凉的最佳嘲讽。

乃知交态；一贵一贱，交情乃见。”

智慧解读

人的本性趋利，无论是宾客盈门，还是门可罗雀，其本质都是两个字：“利益”。世态炎凉，古今如此。

原文

闹里有钱，静处安身。
来如风雨，去似微尘。
长江后浪推前浪，世上新人赶旧人。
近水楼台先得月，向阳花木早逢春[1]。

「千古名句」

近水楼台先得月，向阳花木早逢春。

「千古名句」
古人不见今时月，今月曾经照古人。

古人不见今时月，今月曾经照古人。
先到为君，后到为臣。

注释

①“近水”二句：语出苏麟献、范仲淹诗。

译文

闹市是赚钱的地方，只有安静的地方才能休养身体。

来的时候动静很大，走的时候没有一点声响。

长江后浪推动前浪，世上新人层出不穷。

由于近便因而能够占到便宜。

过去的人不会见到今天的月亮，而今天的月亮曾经照耀过过去的人。

先来后到，先入为主。

「专家解疑」
层出不穷：接连不断地出现，没有穷尽。
先来后到：按照来到的先后而确定顺序。

故事延伸

近水楼台先得月

范仲淹是宋朝著名政治家、文学家，他学问很好，能诗能文。他写的《岳阳楼记》十分著名，其中“先天下之忧而忧，后天下之乐而乐”的名句至今仍为人们所传诵。

「哲理名言」
先天下之忧而忧，后天下之乐而乐。

范仲淹曾多次在朝廷担任要职，也曾镇守过地方。有一段时间，他镇守杭州。任职期间对手下的人都有所推荐，不少人得到了提拔或晋升。大家对他都很满意。

这时候，有一个叫苏麟的官员，因担任巡检，常常在外，一直没有得到提拔。当他见到自己周围的同事，无论职位比自己高的、低的，都一个个得到了升迁，而自己却没人理睬，心里很不是滋味。他担心自己一定是被这位范大人遗忘了，怎么办呢？直接去找范大人吧，是去争官位，又不便说。不说吧，心里又很不平衡。为此，他心情非常沉重。一天，他终于想出了一个委婉的办法来，这就是写首诗去向范大人请教，实际上是去提醒范仲淹：千万别忘了他苏麟！想到这里，苏麟高兴起来，他赶忙拿出纸认真地写了首诗，并将诗句呈给了范仲淹，很虚心地请他赐教。

「专家解疑」
委婉：（言辞、声音等）婉转。

范仲淹读着苏麟的诗，很快就会意地笑了。他吟诵着“近水楼台先得月，向阳花木易为春”的诗句，完全懂得了苏麟的言外之意。是呀！怎么能把他忘了呢？很快，苏麟得到了提拔。

“近水楼台先得月，向阳花木易为春”的意思是，靠近水边的楼台因为没有树木的遮挡，能先看到月亮的投影；而迎着阳光的花木，光照自然好得多，所以发芽就早，最容易形成春天的景象。这两句诗写得很含蓄，它借自然景色来比喻因靠近某种事物而获得优先的机会。范仲淹很有学问，一看这诗句自然明白了苏麟的心思。

这两句诗后来就流传开了，经过演变也形成了成语“近水楼台”。不过，后来有了些贬义，它往往用来讽刺那种利用某种方便而获得照顾，率先牟利的情况。在流传中“易为春”也常常写作“早逢春”。

「名师点拨」
苏麟是个聪明人，以诗讽喻，而范仲淹也一点即透。是啊，既然近水楼台，岂有不“先得月”之理？所以苏麟求仁得仁，顺利升迁。

智慧解读

虽然“近水楼台”可以抢占先机，但机会永远是给有准备的人的。所以平时一定要加强磨炼自已，才能将先天和后天的机会全抓在手里。

原文

莫道君行早，更有早行人。
莫信直中直，须防[1]仁不仁。
山中有直树，世上无直人。
自恨枝无叶，莫怨太阳偏。

「千古名句」
莫道君行早，更有早行人。

注释

①防：戒备，预先作好应急的准备。

译文

不要以为你行动得早，有人比你行动得更早。

不要太相信表面上正直的人，要提防那些虚伪的仁慈者。

「专家解疑」
提防：小心防备。

山间有笔直的树，世间却没有正直的人。

只能怨恨自己的树枝上没长出茂盛的叶子，而不能埋怨太阳照得太偏。

故事延伸

郭子仪防小人

唐朝天宝年间，爆发“安史之乱”。郭子仪率兵平定天下，立了大功，但他并不居功自傲，为防小人嫉妒，他格外小心。一次，朝中有一个地位比自己低的官吏要来拜访郭子仪，郭子仪事先做了周密安排。因家中侍女成群，他让所行的侍女到时候都避开，不要露面。郭子仪的夫人对此举感到不理解，问丈夫为什么这么做？郭子仪告诉夫人说，这个官吏是个十足的小人，身高不足五尺，相貌奇丑，很忌讳别人说他丑。郭子仪担心家人见了这个人会发笑，因而让所有的家人都躲起来。郭子仪对这个官僚太了解了，在与他打交道时尽量做到小心谨慎。后来，这个小人当了宰相，极尽报复之能事，把所有以前得罪过他的人统统陷害掉，唯独对郭子仪比较尊重，没有动他一根毫毛。这件事充分反映了郭子仪对待小人的办法既周密又老练。

「名师点拨」
这个小人便是唐朝著名奸相卢杞。卢杞心地狭隘，拜相后对从前得罪过他的人极尽报复。唯独对郭子仪十分敬重，这是因为郭子仪了解他的为人，事先做好周密安排，才躲过劫难。

智慧解读

郭子仪的伟大之处，不仅在于他对李唐王朝立下的不世功勋，还在于他的识人之明。卢杞拜相后对从前慢待过他的人大肆报复，却唯独对郭子仪一家礼待有加。郭子仪在险恶的政治漩涡中不但保全了自己，还保全了家人，这是非常难以做到的。

不怨天尤人的毛毛虫

一条毛毛虫从一片树叶爬到另一片树叶，看到别的昆虫有的唱、有的跳，还有的跑。毛毛虫看着它们，不但不抱怨自己的命苦，也不嫉妒别的昆虫，只顾着吐丝编织起一幢结结实实的小茧屋。它要把自己从头到尾包裹在一个温温暖暖的茧屋里。

过了一段时间，它清醒过来，发现自己不再是从前那条行动笨拙的毛毛虫，而是变成了一只五彩斑斓的蝴蝶。

它已经摆脱了那个狭小的天地，它从这片叶子上飞起，在那片叶子上落下，飘飘逸逸，融入了蔚蓝的雾霭中。

「专家解疑」

抱怨：心中不满，数说别人不对；埋怨。

「智慧引路」

毛毛虫也有化茧成蝶时，小朋友们，当我们遇到困境或者看到比自己强的小朋友时，一定不要怨天尤人。而是要加强学习。终究有一天，我们会像毛毛虫一样破茧而出，让我们的翅膀光彩夺目。

智慧解读

我们总是羡慕别人拥有的东西比我们多，却没有看见在我们看不到的地方，别人付出了比我们更多的汗水。在充满竞争的世界上，要想成为众人眼中的焦点，就得先习惯于忙碌。这个道理是在任何地方都讲得通的。

原文

大家都是命，半点不由人。

一年之计在于春，一日之计在于寅[①]。

一家之计在于和，一生之计在于勤。

「千古名句」

一年之计在于春，一日之计在于寅。

注释

①寅：寅时，指清晨。

译文

每个人的一切都是命中注定的，自己是无法决定的。

一年最好的时光在春天，一天最好的时光在早晨。

一个家庭最好的东西是和睦，一生最好的办法在于勤劳。

「智慧引路」
亲人是我们一辈子的依靠，小朋友们，我们应该珍惜和他们在一起的时光，和他们和睦相处，遇到问题多沟通。

故事延伸

闻鸡起舞

晋代的祖逖是个胸怀坦荡、具有远大抱负的人。可他小时候却是个不爱读书的淘气孩子。进入青年时代，他意识到自己知识的贫乏，深感不读书无以报效国家，于是就发奋读起书来。他广泛阅读书籍，从中汲取了丰富的知识，学问大有长进。他曾几次进出京都洛阳，接触过他的人都说，祖逖是个能辅佐帝王治理国家的人才。祖逖24岁的时候，曾有人推荐他去做官，他没有答应，仍然不懈地努力读书。

「专家解疑」
报效：为报答对方的恩情而为对方尽力。

后来，祖逖和幼时的好友刘琨一直担任司州主簿。他与刘琨感情深厚，不仅常常同床而卧、同被而眠，而且还有着共同的远大理想：建功立业，复兴晋国，成为国家的栋梁之材。

一次，祖逖在睡梦中听到公鸡的鸣叫声，他一脚把刘琨踢醒，对他说："别人都认为半夜听见鸡叫不吉利，我偏不这样想，咱们干脆以后听见鸡叫就起床练剑如何？"刘琨欣然同意。于是他们每天鸡叫后就起床练剑，剑光飞舞、剑声铿锵。

春去冬来，寒来暑往，从不间断。

功夫不负有心人，经过长期的刻苦学习和训练，他们终于成为能文能武的全才，既能写得一手好文章，又能带兵打胜仗。祖逖被封为镇西将军，实现了他报效国家的愿望；刘琨做了都督，兼管并、冀、幽三州的军事，也充分发挥了他的文才武略。

「名师点拨」
祖逖"中流击楫"的故事感动过万千有志男儿，而其少年时"闻鸡起舞"的故事，则激励了我们要珍惜时光，努力奋进。一日之计在于寅，虚度光阴是这世上最大的犯罪。

智慧解读

“劝君莫惜金缕衣，劝君惜取少年时。”一生之计在于勤，我们一定要珍惜时光，努力奋斗，争取无悔的人生。

原文

「千古名句」
责人之心责己，
恕己之心恕人。

责人之心责己，恕己之心恕[1]人。
守口如瓶，防意如城。
宁可人负我，切莫我负人。
再三须重意，第一莫欺心。

注释

①恕：原谅，宽容。

译文

用责备别人的态度来责备自己，用原谅自己的态度去宽容别人。
如果嘴严了，一切都会保险的。
宁可别人对不起我，也不要我对不起别人。
不管做什么事都要三思，首先就是不要做有违良心的事。

「专家解疑」
三思：反复考虑。

故事延伸

严养斋以德服人

「名师点拨」
这里交代了故事发生的背景，建筑达不到预期的效果，为后文两家发生争执，严养斋以德服人做了铺垫。

明代海虞人严养斋准备在城里盖一座大宅子。地基已经测量好了，唯独有一间民房正好建在地基范围之内，这样使得整个建筑达不到预期的效果。房主是卖酒和豆腐的，房子是他的祖辈传下来的基业。工地的负责人想高价买下他们的房子，但是这家人坚决不同意。负责人便很生气地报告给了严养斋，严养斋平静地说："没关系，可以先营建其他三面嘛！"就这样，工程破土动工了，严养斋下令，工地的人每天所需的酒和豆腐都到那户人家去购买，并且先付给他们定钱。那家的夫妻因店小而工地上的人所需的酒和豆腐数量又很大，人手一时忙不过来，供给不上，就又招募工人来帮忙。不久，招募的工人越来越多，他们所获得的利润也越来越丰厚，所贮存的粮食都堆积在家里，酿酒的缸及各种器具都增加了好几倍，小屋子里实在是装不下了，再加上感激严相公的恩德，他们*自愧当初抗拒不搬的行为，于是，就主动地把房契送给严养斋，表示愿意让出房来。严养斋就用附近一处更宽绰一点的住房和他们调换，这家人非常高兴，没过几天就搬走了。*

「专家解疑」
招募：募集（人员）。

「智慧引路」
严养斋是个聪明人，他用一种巧妙的方法，既达到了目的，又留下了流芳百世的美名。可以说是最好的解决之道。小朋友们，我们遇事的时候也要像严相公这样，处处为人设想，找到最佳方案。

智慧解读

严相公的心胸真是令人惊叹，这种解决办法可以说是人世间最好的了。只可惜严相公这样的人太少了。

六尺巷

清朝时期，宰相张廷玉与一位姓叶的侍郎都是安徽桐城人。两家毗邻而居，都要起房造屋，为占地皮，发生了争执。张老夫人便修书北京，要张宰相出面干预。这位宰相到底见识不凡，看罢来信，立即作诗劝导老夫人："千里家书只为墙，让他三尺又何妨？万里长城今犹在，不见当年秦始皇。"

张母见书明理，立即把墙主动退后三尺；叶家见此情景，深感惭愧，也马上把墙让后三尺。这样，张叶两家的院墙之间，就形成了六尺宽的巷道，成了有名的"六尺巷"。

张廷玉失去的是祖传的几分宅基地，换来的却是邻里的和睦及流芳百世的美名。

「哲理名言」
千里家书只为墙，让他三尺又何妨？万里长城今犹在，不见当年秦始皇。

智慧解读

“六尺巷”的故事是千古佳话，对于张叶这样的世族大家来说，让他三尺又何妨呢？让出的是肚量，成就的是美名；相争的是利益，狭隘的是人心。各让三尺，天地顿宽。

「专家解疑」

狭隘：①宽度小。②范围小。③（心胸、气量、见识等）局限在一个小范围里；不宽广；不宏大。

义释前嫌

春秋时期齐国国君齐襄公被杀。襄公有两个儿子，一个叫公子纠，当时在鲁国；一个叫公子小白，

当时在莒国。两个人身边都有个师傅，公子纠的师傅叫管仲，公子小白的师傅叫鲍叔牙。两个公子听到齐襄公被杀的消息，都急着要回齐国争夺君位。

在公子小白回齐国的路上，管仲早就派好人马拦截他。管仲拈弓搭箭，对准小白射去。只见小白大叫一声，倒在车里。管仲以为小白已经死了，就不慌不忙护送公子纠回到齐国去。怎知公子小白是诈死，等到公子纠和管仲进入齐国国境，小白和鲍叔牙早已抄小道抢先回到了国都临淄，小白当上了齐国国君，即齐桓公。

齐桓公即位以后，即发令要杀公子纠，并把管仲一同押解回齐国。管仲被关在囚车里送到齐国，鲍叔牙立即向齐桓公推荐管仲。齐桓公气愤地说："管仲拿箭射我，要我的命，我还能用他吗？"鲍叔牙说："那时，他是公子纠的师傅，他用箭射您，正是他对公子纠的忠心。论本领，他比我强得多。主公如果想要干一番大事业，管仲可是个用得着的人。"

齐桓公也是个豁达大度的人，听了鲍叔牙的话，不但立即赦免管仲的罪，还任命他为宰相，让他管理国政。管仲帮着齐桓公整顿内政，大开铁矿，多制农具，后来的齐国就越来越富强了。

「名师点拨」
齐桓公"义释前嫌"的故事，既显示了春秋霸主海纳百川的胸襟，又让他获得了春秋名相管仲终身追随，最终成就霸业。这说明人生在世，一个"恕"字是多么的重要。要以"恕己之心恕人"。

智慧解读

有时候，我们能够设身处地地为对方多想一想，多做些事，整个局势往往就会变得豁然开朗起来。这样既帮助了别人，又开阔了自己，何乐而不为呢?

原文

虎生犹可近，人熟不堪亲。

来说是非者，便是是非人。

远水难救近火，远亲不如近邻。

有茶有酒多兄弟，急难何曾[1]见一人。

「千古名句」
远水难救近火，远亲不如近邻。

注释

①何曾：用反问的语气表示未曾。何，疑问代词，表示反问。

译文

老虎虽然陌生尚可亲近，人很熟悉却不可亲近。

四处传播是非的人，便是制造是非的人。

用远水救火是难办到的，再好的亲戚住得太远还不如近处的邻居有用。

一个人有身份有地位的时候会有很多朋友，但到了危难的时候却没人与之交往。

「专家解疑」
危难：危险和灾难。
等米下锅：①比喻资金、物资等供应不上，影响正常业务。②比喻消极地等待支援。

故事延伸

庄子借米

庄子家里很贫困。有一天，家里实在是“揭不开锅”了，一家人在等米下锅。他就去找监河侯借米。监河侯是当时专门管水利的一个小官，生活比他要好一点。

这个监河侯对他非常热情，说：“好啊，我马上要去采（cài）地收税金，你等着我，一旦把税金全收上来，我一下就借给你三百金。”这个话说得很漂亮，三百金，这是多大的一笔钱啊！

庄子一听，“忿然作色”，气愤得脸色都变了，但又不便发作，于是他给监河侯讲了一个故事：昨天我也从这个地方走过，路上忽然听到有人叫我的名字。我四下看了一下，发现在路上大车压出来的车辙里面，有一条小鲫鱼，在那儿跳呢。我就问鲫鱼在那里干什么，鲫鱼说：“我是东海的水官，先生有一斗一升的水来救我吗？”我说：“好啊，我这就要去吴越那个地方去游说吴王，让他开掘西江，引来江水迎你回东海，可以吗？”

鲫鱼大怒：“我本来只要升斗之水就可以活命，可你要这么说，不如早一点去卖鱼干的铺子里找我吧！”

「专家解疑」

车辙：车辆经过后，车轮碾压道路形成的凹下去的痕迹。

「名师点拨」

监河侯并不想借钱给庄子，却表示得非常大度和热情。可惜这副虚伪嘴脸被庄子毫不留情地一语点破了，“吾得斗升之水然活耳，君乃言此，曾不如早索我于枯鱼之肆”！

智慧解读

监河侯不想借钱给庄子，但话却说得很漂亮。面对毫无诚意的监河侯，庄子就用小鲫鱼的话来讽刺他，他需要的不是三百金，比这少得多的钱就能帮他渡过难关。正如小鲫鱼只要升斗之水就可以活命。要是等游说吴王开掘西江引来西江之水，还是趁早索其于枯鱼之肆。

原文

人情似纸张张薄，世事如棋局局新。
山中也有千年树，世上难逢百岁人。
力微休负重，言轻莫劝人。
无钱休入众，遭难①莫寻亲。

「千古名句」

人情似纸张张薄，世事如棋局局新。

注释

①遭难：遭到不幸和灾难；遇到麻烦。

译文

人情冷暖如纸一样的脆薄，世界上的事如棋局一样的变幻莫测。

世间千年以上的树是有的，但百岁以上的人却不多见。

力气太小的人不要承担太大的重量；言语不被人重视，就不要去劝解别人。

没有钱不要到人群中去；境遇不好的时候，不要去寻亲探友。

「专家解疑」
境遇：境况和遭遇。

故事延伸

世态炎凉

苏秦是东周洛阳（今河南省洛阳市）乘轩里人，出身普通农民家庭。苏秦是五兄弟中最小的，故字季子，其兄苏代、苏厉、苏辟、苏鹤，均为一时著名的纵横之士。

其时，正值战国中期，各国龙争虎斗，风云际会，很多纵横之士游说诸侯，以口舌博取功名富贵，成为“白衣卿相”，权倾人主，声震天下。苏秦对此非常艳羡，加之兄长对他的影响，从小便立志献身此道。他独自前往齐国，投身于一代纵横大师鬼谷子先生门下，学习纵横之术。

学成之后，苏秦曾先后游说周、秦、赵等国，然而均不为所用，碰壁而归，感到十分羞惭。

苏秦回家后，妻子及嫂嫂都看不起他，都不给他饭吃，冷饭都不剩一点。父母兄弟也看不起他，讥讽他不务正业，不事农商，认为以他的才能，想混取功名是痴人说梦。

苏秦听后，不但不灰心丧气，反而闭门不出，发愤攻读。他日夜研习《阴符》《揣情》《摩意》等篇，揣摩打动人主的方法。功夫不负苦心人，第二年，他的学问大进，揣情摩意的功夫也提高了不少，苏秦再次踏上了游说列国的征途

之后，苏秦身佩六国相印，要到楚国去的时候，经过自己家乡，他的嫂嫂以及全家人都跪下来迎接，那种恭维真是不得了的，这时苏秦问他的嫂嫂：“嫂何前倨而后恭？”

她说：“以季子之位尊而多金也。”这是人情之常。古今中外，人类社会，就是这么一回事。哪个时代不讲现实？从这里又可认识人情世故。

「专家解疑」

龙争虎斗：形容双方势均力敌，斗争激烈。

痴人说梦：比喻说根本办不到的荒唐话。

「名师点拨」

苏秦游说六国碰壁而归，回到家里，妻不下纴，嫂不为炊，父母不与言。待到苏秦被封武安君荣归故里，父母郊迎三十里，妻嫂皆前倨后恭。人情冷暖，古今皆是如此。

智慧解读

前倨后恭，令人发笑。这世上从来先敬罗衣后敬人，人的内涵，好比包子馅，才华、财富、坚毅、慈悲、勇敢、义气，不在表面张扬。但适当时机，关键时刻，还是要让人知道，否则有等于无，错失而颓败。花香、茶浓、酒醇、墨酣、人灵，均需一番岁月历练，散发不自觉也不强调的芬芳。

原文

「千古名句」
士者国之宝，
儒为席上珍。

平生莫作皱眉事，世上应无切齿[1]人。
士者国之宝，儒为席上珍。
若要断酒法，醒眼看醉人。
求人须求大丈夫，济人须济急时无。

注释

①切齿：牙齿相磨切，表示极其愤恨。使人非常愤恨。

译文

一生都不要做使人愤恨的事，世上就不会有怨恨自己的人。

读书之人是国家的珍宝，懂得礼义的人是国家的栋梁。

要想知道戒酒的办法，清醒时看看喝醉人，便知道如何做了。

求人要求大丈夫，接济人要接济那些急难时没有办法的人。

「专家解疑」

栋梁：房屋的大梁，比喻担负国家重任的人。

接济：在物质上援助。

谗言：毁谤的话；挑拨离间的话。

故事延伸

割掉的肉

从前有个国王听信小人的谗言，误认一位贤臣叛国。他把贤臣捉来，割开他的背脊，并取下二斤肉。

不久，有人证明贤臣并没有叛国。国王知道了，十分后悔，就送了一千斤猪肉给贤臣，作为补偿。

那位贤臣因背脊伤痛，上朝时痛苦地呻吟。国王听见了他的呻吟声，就问他说："我取你二斤的肉，已经还你一千斤的肉，难道你不满足吗？为何叫个不停呢？"

贤臣十分无奈地回答说："大王，假如砍下你的头，纵使还给你一千个头，仍然不免一死；如今我虽然得到了一千斤的猪肉，仍然免不了痛苦啊！"

「名师点拨」

虽然国王补偿了这位贤臣，但治标不治本，伤口依然还是存在，从这里也可以看出，国王是一个十分愚蠢的人。

智慧解读

过而能改是对的，但是有些事情即使自己改过，也会在别人的身心上面留下永久的伤痕，甚至终身不愈。

原文

渴时一滴如甘露，醉后添杯不如无。

久住令人贱，频[1]来亲也疏。

酒中不语真君子，财上分明大丈夫。

出家如初，成佛有余。

「千古名句」

酒中不语真君子，财上分明大丈夫。

注释

①频：屡次，连次。

译文

在人最渴时送一滴水就像送甘露一样，在人酒醉后去添酒就不应该了。

长久在人家里住就会被人家轻贱；亲戚之间交往过密，亲戚也会疏远你。

喝酒时不乱说话的人是真正的君子，钱财上清楚分明的人才是有担当的大丈夫。

修行永不懈怠，永远像刚出家时一样真心诚意，必有成就。

「专家解疑」

轻贱：①低贱；下贱。②看不起；小看。

佳肴：精美的菜肴。

锦上添花：比喻使美好的事物更加美好。

故事延伸

雪中送炭

有一年冬天，下了一场非常大的雪，天气变得十分寒冷，人们都躲在屋里避寒。

宋太宗正在皇宫中休息，一边烤火取暖，一边品尝着各式各样的美味佳肴。当他看到窗外飘着纷纷扬扬的大雪时，忽然想起了那些可怜的穷人，他们吃不饱，穿不暖，正在大雪中挨饿受冻。

于是宋太宗马上派出手下的官员，带上许多粮食和木炭，出了皇宫，来到老百姓们生活的地方，把粮食和木炭送到那些穷人和孤苦伶仃的老人手中。这样一来，他们就能有米做饭，有木炭生火取暖了。

「名师点拨」

宋太宗能够与民同乐，休息时不忘百姓疾苦，不愧是一朝有为皇帝。要知道，“渴时一滴如甘露，醉后添杯不如无”。世上尤为难能可贵者，是雪中送炭。

智慧解读

这世上锦上添花者如过江之鲫，雪中送炭者却实在是不多。这世上真能难能可贵的，却是在危难之中伸出的援手，在冰天雪地之时送上的一杯热茶。

原文

积金千两，不如明解经书。

养子不教如养驴，养女不教如养猪。

有田不耕仓廪虚，有书不读子孙愚。

仓廪[1]虚兮岁月乏，子孙愚兮礼义疏。

「千古名句」

仓廪虚兮岁月乏，子孙愚兮礼义疏。

注释

①仓廪：贮藏米谷的仓库。

译文

积攒黄金千两，也不如通晓四书五经。

养儿子如果不教育的话就像养了一头蠢驴一样，养女儿如果不教育的话就像养了一头猪一样。

有田不耕仓库就会空虚，有书不读子孙就会愚笨。

仓库里空虚了，日子就会难过；子孙愚笨了，怎么知晓礼义呢？

「专家解疑」

通晓：透彻地了解。

愚笨：头脑迟钝，不灵活。

故事延伸

疏广教子

疏广，字仲翁，汉东海兰陵人，是汉宣帝时的太子太傅，他的侄子疏受同时为太子少傅。每次太子朝见皇帝，他们都一起陪同，太傅在前，少傅在后。五年以后，太子读通了《论语》《孝经》。疏广对疏受说：“我们官也当了，名声也有了，这个时候再不引退，怕有后悔之事。我们叔侄还是辞官归故乡，以享天年，何如？”疏

「名师点拨」

吾观自古贤达人，功成不退皆殒身。疏广对仕途有着清醒的认识，所以在荣华鼎盛的时候提出叔侄共退的建议。

受叩头道："愿听长者。"于是两人辞官回乡，去过悠闲的生活。

回到家乡后，他们每日摆酒，宴请族人和以前的老朋友。过了些时候，疏广的子孙实在心疼，托人向疏广说情，让疏广买点田宅，以便留给后代子孙。

疏广听后，慢悠悠地说："我难道已糊涂到成为想不到自己子孙的人了吗？只因为家中原来薄有田产，子孙们如果勤奋劳作，可以享有和人家差不多的生活。倘使我现在给他们多买田产，增加他们的盈余，只会让他们变得懒惰。人，贤而多财，则损其志；愚而多财，则增其过。而且人一旦富有了，总被旁人嫉妒怨恨。我既然没有什么用来教他们，总不能增加他们的过失，让他们遭嫉恨。至于我带回来的金子，那是皇上让我养老的，我拿来和族人、朋友共同享受，不是很好吗？"

大家听了，都心悦诚服。

「哲理名言」人，贤而多财，则损其志；愚而多财，则增其过。

「专家解疑」心悦诚服：诚心诚意地佩服或服从。
安身立命：生活有着落，精神有所寄托。

智慧解读

林则徐说过，子孙若如我，留钱做什么？子孙不如我，留钱做什么？这是真正豁达的心胸。父母之爱子，则为之计深远。金钱不是子孙安身立命的本钱。

赵孝不蒙父荫

赵孝的父亲赵晋，在王莽新朝时期任田禾将军。赵孝担任郎官，每次告假回家，经常身穿白色的衣服步行回去。有一次他从长安回家，想要在驿馆住一晚，驿丞很景仰赵孝，听说他要从这里经过，特地将馆驿打扫了一番等待他。赵孝来到馆驿之后，没有提自己的名字，驿丞不认识他，不肯让他进，并且问他："我听说田禾将军的儿子要从长安来，你知道他什么时候到吗？"赵孝说："不久就会到了。"然后就离开了。

「名师点拨」赵孝不蒙父荫，也不像时下飞扬跋扈的"官二代"那样滥用父辈的职权。赵孝这样洁身自好，有一身清贵的官家子弟是令人钦佩的。

智慧解读

赵孝不蒙父荫，不肯因为父亲的勋业和自己的地位谋取任何权益。和赵孝相比，这世上的很多富二代和官二代们可感到惭愧？

父子比个头

小时候，儿子常缠着人高马大的父亲比个子。儿子朝父亲眼前一站，头顶还不到父亲的肚脐高。父亲就笑他，说：“这不是明摆着嘛，你还是个小不点呢！”

儿子歪着脑袋说：“哼，总有一天，我会超过你！”

后来，儿子上初中了，又上高中了，再后来工作了，又当干部了，个子就像春天的秧苗“哧哧”地长，渐渐地赶上了父亲，又超过了父亲。父亲心中欣喜不已！没事时，父子俩常在一起比个子，不过每次比个子都是由父亲主动发起的。

“来，看比你爸又高出了多少？”

父亲朝人高马大的儿子跟前一站，秃顶正好被儿子的肩膀“没收”，儿子就笑：“咱俩不成了高尔基（低）啦！”

父亲开始驼背了，晚年驼得更厉害，远远地看，整个身子像弓！然而，没有“自知之明”的父亲，却偏偏爱穿儿子的旧衣裳。他穿儿子衣裳的样子很不雅：前面拖得老长，后面吊得老高，比赵本山扮演的老太婆还要滑稽！最有意思的是，每次儿子回家，他还是死拉硬拽地要和儿子比个子。

儿子逐渐地读懂了父亲的心思。父亲和自己比个子是假，他是想以自己的“矮”来衬托儿子的“高”，因为儿子在他的心目中，是神，是鹰，是希望，是寄托！只要能看见儿子长成参天大树，即使化成树根旁的一片枯叶、一摊黄泥，父亲也愿意！

有一天，父亲又要和儿子比个子。

儿子说：“爸，别比了……”

父亲说：“怎么不比了呢？是嫌爸不配和你比？”

「名师点拨」儿子的话除了显示出了他孩子气的一面，也可以从中看出他不服输的个性。

「专家解疑」自知之明：指透彻了解自己（多指缺点）的能力（常跟“有、无”连用）。

「哲理名言」只要能看见儿子长成参天大树，即使化成树根旁的一片枯叶、一摊黄泥，父亲也愿意！

"不，不是这个意思。"儿子的眼眶里噙满了泪水，说，"青出于蓝而胜于蓝嘛！就像弓和弦一样，您的个子是弓，儿的个子是弦，弓总比弦长啊！"

"唔，弓比弦长……"父亲把儿子的话"衔"在嘴里，嚼了又嚼，觉得有点咸，更有点甜。

智慧解读

世上最重要的是教育，尤其是父母对子女的教育。不会教育孩子的父母注定要被人生主场的红牌罚下，不管他有多么惊天动地的功业。只要孩子教育不好，其他方面的成绩都将归零。

原文

同君一席话，胜读十年书。

人不通今古，马牛而襟裾[①]。

茫茫四海人无数，哪个男儿是丈夫？

白酒酿成缘好客，黄金散尽为收书[②]。

注释

①马牛而襟裾：语出韩昌黎《符读书城南》。意谓马牛穿上衣服华而不实。襟，衣领；裾，衣袖。

②"白酒"二句：吕洞宾书湖州东林沈氏壁诗句。

译文

和您谈了一次话，胜过自己读十年的书。

人如果不读书、不懂礼义、没有知识，与穿上衣服的牛马没有两样。

在许许多多的人当中，有几个是有作为的人呢？

「专家解疑」

青出于蓝：《荀子·劝学》："青，取之于蓝，而青于蓝。"蓝色从蓼蓝提炼而成，但是颜色比蓼蓝更深。后来用"青出于蓝"比喻学生胜过老师，后人胜过前人。

「智慧引路」

父亲和儿子的身高有了巨大的落差，父亲佝偻了，儿子英姿勃发。弓和弦的对比让人眼角湿润，父亲是弓，儿子是弦，走得再远，走不出父亲的港湾。

「千古名句」

人不通今古，马牛而襟裾。

因为好客才去酿制白酒，散尽千金只是为了收集这世上的善本图书。

故事延伸

「知识宝库」

孟昶，初名孟仁赞，字保元，后蜀高祖孟知祥第三子，后蜀末代皇帝。

花蕊夫人

花蕊夫人，后蜀主孟昶的贵妃，姓费，五代十国女诗人，青城(今都江堰市东南)人。幼能文，尤长于宫词。得幸蜀主孟昶，赐号花蕊夫人。

孟昶是个非常懂得享乐的人，他广征蜀地美女以充后宫，妃嫔之外另有十二等级，其中最宠爱的是花蕊夫人费贵妃。

就在蜀主孟昶与花蕊夫人“不道流年，挟弹骑射，游宴寻诗”的时候，中原地区的后周归德军节度使、检校太尉、殿前都检点赵匡胤效法郭威，演一幕“黄袍加身”的闹剧，取代后周而君临天下，国号宋，改元建隆，整军经武，南征北伐，目标逐渐指向后蜀。花蕊夫人屡次劝孟昶励精图治，孟昶总认为蜀地山川险阻，不足为虑。

宋太祖乾德二年十一月，赵匡胤命忠武节度使王全斌率军六万向蜀地进攻，并命工匠在汴梁为蜀主孟昶起造住宅，谕令将士：“行军所至，不得焚荡庐舍，驱逐吏民，开发邱坟，剪伐桑柘。凡克城

「专家解疑」

黄袍加身：五代后周时，赵匡胤在陈桥驿发动兵变，部下给他披上黄袍，推拥为皇帝。后来用“黄袍加身”形容政变成功，夺得政权。

寨，不可滥杀俘虏，乱抢财物。”这月汴梁大雪，宋太祖在讲武堂设坛帐，衣紫貂裘帽视事，忽对左右说：“我被服如此，体尚觉寒，念西征将士，冲犯霜霰，何以堪此？”即解下紫貂裘帽，遣太监飞骑赶往蜀地赐给王全斌，且传谕全军，以不能遍赏为憾事。于是宋军人人奋勇，十四万守成都的蜀兵竟不战而溃。孟昶对花蕊夫人说：“我父子以丰衣足食养士四十年，一旦遇敌，竟不能东向发一矢！”乾德三年元宵刚过，司空平章事李昊草表，孟昶自缚出城请降，自王全斌出兵之日算起，才六十六天后蜀灭亡，比起前蜀王衍被后唐所灭还快。而两次草拟降表的都是李昊，于是有心中愤愤不平的人，于晚上在李昊的家门上写道：“世修降表李家。”

「名师点拨」赵匡胤很懂得收买人心，又有后蜀唾手可得的大好河山作为诱饵，故而将士们个个争先。但是孟昶承平日久，军纪废弛，以至十四万男儿不战而降。

绿柳才黄的时候，孟昶、花蕊夫人与李昊一行三十三人被押赴汴梁，杜宇声声：“行不得也，哥哥！行不得也，哥哥！”实在叫人心碎。到汴梁后，孟昶被封为秦国公，官检校太师兼中书令。宋太祖赵匡胤如此优待孟昶，只因他久闻花蕊夫人艳绝尘寰，欲思一见颜色，以慰渴怀，又不便特行召见，恐人议论，便想出这个主意，重赏孟昶，连他的侍从家眷也一一赏赐，料定他们必定进宫谢恩，就可见到花蕊夫人。果然如此，那天谢恩，孟昶的母亲李夫人之后就是花蕊夫人。太祖格外留神，觉得她才至座前，便有一种香泽扑鼻中，令人心醉，仔细端详，只觉得千娇百媚，难以言喻。等到花蕊夫人口称“臣妾费氏见驾，愿皇上圣寿无疆”时，那一片娇音，如莺簧百啭，呖呖可听，方才把太祖的魂灵唤了回来，但两道眼光，仍射在花蕊夫人身上，一眨不眨。花蕊夫人也有些察觉，便瞧了太祖一眼，低头敛目而退。这临去时的秋波一转，更是勾魂摄魄，直把宋太祖弄得心猿意马。七天后孟昶暴疾而终，年四十七岁，史家多认为是太祖毒死的。

「名师点拨」声音尚且如此柔美，就不必说容色该是何等倾国倾城了。如此佳人，真不枉称作“花蕊夫人”。

太祖听到孟昶已死，辍朝五日，素服发表，赙赠布帛千匹，葬费尽由官给，追封孟昶为楚王。孟昶死后，他的母亲并不哭泣，但举酒酹地，说道：“你不能以一死殉社稷，贪生至此，我也因你而苟活在人间，不忍就死，现在你死了，我活着还有什么意思呢？”于是绝食数天而死。孟昶葬在洛阳，他的家属仍留汴京，少不得入宫谢恩。太祖见花蕊夫人全身缟素，愈显得明眸皓齿，玉骨珊珊，便乘此机会，把她留在宫中，通令侍宴。花蕊夫人在这时候，身不由己，只得婉转从命。饮酒中间，太祖知道花蕊夫人能诗，在蜀中时，曾作宫词百首，要她即席吟诗，以显才华。花蕊夫人吟道：

初离蜀道心将碎，离恨绵绵，春日如年，马上时时闻杜鹃。三千宫女皆花貌，共斗婵娟，髻学朝天，今日谁知是谶言。（花蕊夫人《采桑子》）

吟罢，说道这词是当日离开蜀国，途经葭萌关时写的，写在驿站的墙壁上。还说："当年在成都宫内，蜀主孟昶亲谱《万里朝天曲》，令我按拍而歌，以为是万里来朝的佳谶，因此百官竞执长鞭，自马至地，妇人竞戴高冠，皆呼为'朝天'。及李艳娘入宫，好梳高髻，宫人皆学她以邀宠幸，也唤作'朝天髻'。哪知道却是万里崎岖，前往汴京，来见你宋主！万里朝天的谶言，却是降宋的应验，岂不可叹么？"宋太祖赵匡胤听罢长久不语，连饮三杯，说道你再作一首新的。花蕊夫人沉思片刻，再启朱唇：

君王城上树降旗，妾在深宫哪得知。
十四万人齐解甲，更无一个是男儿！
（花蕊夫人《述国王诗》）

「专家解疑」

明眸皓齿：明亮的眼睛，洁白的牙齿。形容女子的美貌。

「哲理名言」

君王城上树降旗，妾在深宫哪得知。十四万人齐解甲，更无一个是男儿！

智慧解读

在男尊女卑的男权社会里，妇女往往被轻视，甚至被认为是"祸水"。但实际上，像花蕊夫人这样才德兼备、艳绝尘寰的女子，比起那些"十四万人齐解甲"不战而逃的男儿们，真不知要强多少倍。

原文

救人一命，胜造七级浮屠[①]。
城门失火，殃及池鱼。
庭前生瑞草，好事不如无。

「千古名句」
城门失火，殃及池鱼。

注释

①浮屠：佛塔。

译文

救人一条命，所建立的功德胜过一座七层的佛塔。
城门着火，用护城河水救火，水尽鱼死。
庭前长出吉祥的草，这种好事不如没有。

「专家解疑」
功德：功劳和恩德。

故事延伸

城门失火，殃及池鱼

有个城市的城门下面有个池塘，一群鱼儿在里边快乐地游着。

突然，城门着了火。一条鱼儿看见了大叫说：“不好了，城门失火了，快跑吧！”但是其他鱼儿都不以为然，认为城门失火，离池塘很远，用不着大惊小怪。除了那条鱼儿之外，其他鱼都没有逃走。这时，人们拿着装水的东西来池塘取水救火。过一会儿，火被扑灭了，而池塘的水也被取干了，满池的鱼都遭了殃。

「智慧引路」
城门失火，和池里的鱼看似没有什么关系。但实际上池鱼却因此大难临头。小朋友们，世上的事情都是有着因果关系的。我们不能只看到一方面，而忽视了可能存在的风险。

智慧解读

世上的事物彼此之间都有着千丝万缕的联系，我们面对一件事情的时候，不能只单纯地考虑它的某一面，而应该全面地思考每一个方面并积极参与进去。

原文

欲求生富贵，须下死工夫。

百年成之不足，一旦败之有余。

人心似铁，官法如炉①。

善化不足，恶化有余。

「千古名句」

人心似铁，官法如炉。

注释

①官法如炉：指国家如炉火无情。

译文

要想得到荣华富贵，必须要努力下功夫。

经过多年努力也还不够，一旦毁坏却十分彻底。

即便人心如铁石，也会在如炉的官法中熔化。

向善的教化不够，恶的变化很容易发生。

「专家解疑」

荣华：草木开花，形容兴盛或显达。

故事延伸

「哲理名言」

机会无所不在，只是我们不能一味地选择等待，而是要及时采取行动抓住机遇。

努力得到自己想要的

许多人终其一生，都在等待一个足以令他神往的机会。而事实上，机会无所不在，只是我们不能一味地选择等待，而是要及时采取行动抓住机遇。

有一位名叫西尔维亚的美国女孩，她的父亲是波士顿有名的整形外科医生，母亲在一家声誉很高的大学担任教授。她的家庭对她有很大的帮助和支持，她完全有机会实现自己的理想。她从念中学的时候起，就一直梦寐以求地想当电视节目的主持人。她觉得自己具有这方面的才干，因为每当她和别人相处时，即使是生人也都愿意亲近她并和她长谈。她知道怎样从人家嘴里“掏出心里话”，她的朋友们称她是他们的“亲密的随身精神医生”。她自己常说：“只要有人愿给我一次上电视的机会，我相信一定能成功。”

「专家解疑」梦寐以求：睡梦中都想着寻找，形容迫切地希望着。

但是，她为达到这个理想而做了些什么呢？其实什么也没有！她在等待奇迹出现，希望一下子就当上电视节目的主持人。

西尔维亚不切实际地期待着，结果什么奇迹也没有出现。

谁也不会请一个毫无经验的人去担任电视节目主持人。而且节目的主管也没有兴趣跑到外面去搜寻天才，都是别人去找他们。

另一个名叫辛迪的女孩却实现了与西尔维亚一样的理想，成了著名的电视节目主持人。辛迪之所以会成功，就是因为她知道，“天下没有免费的午餐”，一切成功都要靠自己的努力去争取。她不像西尔维亚那样有可靠的经济来源，所以没有白白地等待机会出现。她白天去做工，晚上在大学的舞台艺术系上夜校。毕业之后，她开始谋职，跑遍了洛杉矶每一个广播电台和电视台。但是，每个地方的经理对她的答复都差不多：“不是已经有几年经验的人，我们是不会雇用的。”

「哲理名言」天下没有免费的午餐。

但是，她不愿意退缩，也没有等待机会，而是走出去寻找机会。她一连几个月仔细阅读广播电视方面的杂志，最后终于看到一则招聘广告：北达科他州有一家很小的电视台招聘一名预报天气的女孩子。

辛迪是加州人，不喜欢北方。但是，有没有阳光，是不是下雨都没有关系，她希望找到一份和电视有关的职业，干什么都行！她抓住这个工作机会，动身到北达科他州。

辛迪在那里工作了两年，最后在洛杉矶的电视台找到了一个工

「名师点拨」辛迪成功的秘诀就在于她没有将要当主持人的想法停留在梦想阶段，而是抓住所有可以把握的机会去争取。成功从来只青睐那些有准备的人，等待是等不到成功那一天的。

作。又过了五年，她终于得到提升，成为她梦想已久的节目主持人。

智慧解读

许多人终其一生，都在等待一个足以令他神往的机会。而事实上，机会无所不在，只是我们不能一味地选择等待，而是要及时采取行动，抓住机遇。这不但需要智慧，更需要勇气。

张乖崖严惩库吏

从前有个叫张乖崖的人，在钱阳担任县令。当时，社会上还存有军卒凌辱将帅、小吏侵犯长官的风气。张乖崖想找个机会严惩这种行为。

「专家解疑」
凌辱：欺侮；侮辱。

一天，他在衙门周围巡行，忽然看见一个小吏慌慌张张地从府库中溜出来。张乖崖喊住小吏，发现他鬓旁头巾上藏着一枚钱。经过追问盘查，小吏搪塞不过，承认是从府库中偷来的。

张乖崖将小吏押回大堂，下令拷打。小吏不服，怒气冲冲地说："一个钱有什么了不起，你就这样拷打我？你也只能打我，难道还能杀我！"

张乖崖见小吏敢这样顶撞他，就毫不犹豫地拿起朱笔判道："一日一钱，千日千钱。绳锯木断，水滴石穿。"

「哲理名言」
一日一钱，千日千钱。绳锯木断，水滴石穿。

判决完毕，张乖崖把笔一扔，手提宝剑，亲自斩了小吏。崇阳地区的人至今仍然传颂他的功绩。

智慧解读

善不积不足以成名，恶不积不足以殒身。这世上最可怕的就是一个"渐"字，绳锯木断，水滴石穿。一个人可以成就不世功勋，也可能走向刑场。这完全取决于自己内心的判断和坚持。

原文

「千古名句」
水至清则无鱼，人太急则无智。

水至清则无鱼，人太急则无智[①]。
知者减半，省者全无。
在家由父，出嫁从夫。
痴人畏妇，贤女敬夫。

注释

①“水至”二句：语本《汉书·东方朔传》：“水至清则无鱼，人至察则无徒。”

译文

「智慧引路」
言多必有失，这是古人留下的经验，也是我们生活中经常能遇见的。小朋友们，虽然我们还小，但是这个道理一样适用，那就是做到说话注意场合，不随意插话。

「专家解疑」
贤良：①有德行，有才能。②指有德行，有才能的人。

水如果太清澈了就不会有鱼，人如果脾气太急躁了就不会有智谋。

有智慧的人也要少说两句或者不说，言多必有失，小心祸从口出。

在家听从父亲的，出嫁则服从丈夫。

愚人怕老婆，贤良的妇女尊敬丈夫。

故事延伸

举案齐眉

东汉人梁鸿，字伯鸾，原籍平陵（今陕西咸阳市西北），年轻时家里很穷，由于刻苦好学，后来很有学问。但他不愿意做官，和妻子依靠自己的劳动，过着俭朴而愉快的生活。

梁鸿的妻子，是和他同县孟家的女儿，名叫孟光。孟光生得皮肤黝黑，体态粗壮，喜爱劳动，没有小姐的习气。据说，孟家当初为这个女儿选对象，很费了一些周折。三十岁了还没出嫁。主要原因倒不在于一般少爷嫌她模样儿不好，而在于她瞧不起那些少爷。她自己提出要嫁个像梁鸿那样的男子。她父母没法，只得托人去向梁鸿说亲。梁鸿也听说过孟光的性格，便同意了。

孟光刚嫁到梁鸿家里的时候，作为新娘，穿戴得不免漂亮些，梁鸿一连七天都不理睬她。到了第八天，孟光挽起发髻，拔去首饰，换上布衣布裙，开始勤劳操作。梁鸿大喜，说道："好啊，这才是我梁鸿的妻子呢！"

据《后汉书·梁鸿传》载，梁鸿和孟光婚后，隐居在灞陵（今陕西西安市长安区东）的深山里。后来，迁居吴地（今江苏苏州）。两人共同劳动，互助互爱，彼此又极有礼貌，真所谓相敬如宾。据说，梁鸿每天劳动完毕，回到家里，孟光总是把饭和菜都准备好了，摆在托盘里，双手捧着，举得齐自己的眉毛那样高，恭恭敬敬地送到梁鸿面前去，梁鸿也就高高兴兴地接过来，于是两人就愉快地吃起来。这就是"举案齐眉"的故事。

「专家解疑」

周折：指事情进程中的反复和曲折（多用来形容事情不顺利）。

「名师点拨」

梁鸿和孟光之所以能够成为模范夫妻，不仅在于孟光本人特立独行的性格和对丈夫的体贴温柔，还在于他们精神的合一。孟光理解并且支持丈夫，二人相敬如宾。

智慧解读

一对陌生的青年男女能够结为夫妻，这其中有着无限的曲折。而一对夫妻能够成为梁鸿和孟光那样举案齐眉的模范夫妻，更需要无限的爱与宽容。"举案齐眉"是一首唱给真爱的颂歌。

原文

是非终日有，不听自然无。
宁可正而不足[1]，不可邪而有余。
宁可信其有，不可信其无。

「千古名句」
宁可信其有，不可信其无。

注释

①足：充足，足够。

译文

是非每天都会有，不去听自然也就消失了。
宁肯正派行事得不够，也不可走邪路。
宁可信它有，不可信它没有，对事要有准备、有信心。

「智慧引路」
小朋友们，想到一件事情，不去做、不去努力，永远不会有结果。只有对自己有信心，做好充分准备，即使结果不如人意，也不会留下遗憾。

故事延伸

父子扛驴

从前有个父亲带着儿子要去市场卖驴子，驴子走在前头，父子俩随行在后，村里的小孩看了都觉得很可笑。

“真傻啊！骑着驴子去多好，却在这沙尘滚滚的路上漫步。”

“对啊！说得对啊！”父亲突然觉得很有道理。

“孩子，骑上驴子吧！我会跟在旁边，不会让你掉下来的！”

父亲让孩子骑在驴子上，自己则跟在旁边走着。

这时，对面走来两个父亲的朋友。

“喂！喂！让孩子骑驴，自己却徒步，算什么！现在就这么宠孩子将来还得了！为了孩子的健康，应该叫他走路才对，让他走路，

「专家解疑」
徒步：步行。

让他走路！”

“噢，对呀！是有道理。”于是父亲让孩子下来，自己则骑上驴背。孩子跟在驴子后面，蹒跚地走着。走着走着，碰见一个挤牛奶的女孩。女孩用责备的口吻说：“哎哟，世间竟有这么残酷的父亲！自己轻轻松松地骑在驴背上，却让那么小的孩子走路，真可怜。瞧，那孩子多痛苦，东倒西歪地跟在后头，实在可怜啊！”

「专家解疑」

东倒西歪：①形容行走、坐立时身体歪斜或摇晃不稳的样子。②形容物体杂乱地歪斜或倒下的样子。

筋疲力尽：形容非常疲劳，一点儿力气也没有了。

“是啊！你说得有理！”父亲点头赞同。于是，父亲叫孩子也骑到驴背上，朝着市场的方向前进。驴子同时要载两个人，渐渐地举步非常吃力，呼吸急促，脚摇摇晃晃地发抖。

可是父亲并没有发觉，还轻轻松松地哼着歌曲，一边在驴背上摇晃呢！

驴子好不容易走到教堂前，喘了一大口气，休息休息。

教堂前面正站了一位牧师，叫住了他们。“喂，喂！请等一下，让那么弱小的动物载两个人，驴子太可怜了。你们要去哪里呢？”

“我们正要带这匹驴子去市场卖呀！”

“哦，这更有问题。我看你们还没走进市场，驴子就先累死了，恐怕还卖不出去呢！信不信由你。”

“那么，该怎么办呢？”

“把驴子扛着去吧！”

“好！有道理。”

父子俩立刻从驴背上跳下来，然后把驴子的脚绑起来，再用棍子扛着驴子。这样扛着，当然非常重，所以父子俩涨红了脸，摇摇晃晃地喊着：“怎么这么重呢！”

看见这情景的人们都呆住了：“真是奇怪的人啊！”

扛着驴子的父子不久走到一座桥上：“孩子，市场快到了，再忍耐一会儿吧！”父亲虽然这么说，可是自己和孩子都已经累得筋疲力尽了。

驴子毕竟是驴子，被倒吊着反而痛苦得不得了，不但口吐白沫，还粗暴地扭动起来。

「名师点拨」

因为心疼驴子，父子俩将它扛在肩上走，结果驴子反而不听话了，真是吃力不讨好，还白白闹了笑话。

“嘿！乖一点啊！”父亲严厉地斥骂着，可是驴子不听，扭动得更厉害，结果，棍子啪的一声折断了，绳子也弄断了，驴子倒栽葱似的掉进河里。很不凑巧，雨后河水暴涨，驴子就在那瞬间被急流吞没，看不见踪影了。

“啊！怎么会这样呢？这都是一味听别人的意见，而产生最严重的后果啊！”父子俩只好垂头丧气地走回家。

「智慧引路」
父子俩遇到事情不加思考，只是一味地听从别人的意见，结果不只闹了笑话，还损失了财物，真是得不偿失。小朋友们，我们在生活中，可千万别像那对父子一样，遇事一定要有主见，不过好的意见也要积极采纳。

智慧解读

做事一定要有自己的主见，因为这世上的事是不可能尽如人意的。只要是自己认为正确并且符合事情发展方向的事，就尽管大胆放手去做。

原文

竹篱茅舍风光好，道院僧堂终不如[①]。
命里有时终须有，命里无时莫强求。
道院迎仙客，书堂隐相儒。
庭栽栖凤竹，池养化龙鱼。

「千古名句」
道院迎仙客，书堂隐相儒。

注释

①不如：比不上；表示前面提到的人或事物等比不上后面所说的。

译文

农家田园的好风光，连道院僧堂也比不上。

命里有时肯定会有，命里没有的话便不必强求，一切听从命运的安排。

寺院里经常有仙客出入，有宰相之才的人都出自书斋之中。

庭院里栽着栖息凤凰的竹子，池子里养着能变化成龙的鱼。

「专家解疑」
栖息：停留；休息（多指鸟类）。

故事延伸

刘禹锡陋室出雅文

刘禹锡的《陋室铭》如今早已成了家喻户晓的“名文”，但其实这篇名文却是被“气”出来的。据说当时刘禹锡被贬至安徽和州当刺史。和州知县见他被贬而来，便横加刁难。先是安排他住在城南门，面江而居。刘禹锡不但没有埋怨，反而还撰写了一副对联贴于房门：“面对大江观白帆，身在和州思争辩。”这个举动可气坏了知县，于是他将刘禹锡的住所由城南调到城北，并把房屋从三间缩小到一间半。新宅临河，杨柳依依，刘禹锡触景生情，又写了一副对联：“杨柳青青江水边，人在历阳心在京。”知县见他仍悠然自得，又把他的住房再度调到城中，而且只给他一间仅能容下一床一桌一椅的房子。半年时间，刘禹锡连搬三次家，住房一次比一次小，最后仅是斗室，想想这县官实在是欺人太甚，于是便愤然提笔写下了《陋室铭》。

「哲理名言」面对大江观白帆，身在和州思争辩。

「专家解疑」触景生情：受到当时情景的触动而产生某种感情。
馨香：①芳香。②烧香的香味。

《陋室铭》流传千古，陋室亦因之而名闻天下。如今，刘禹锡当年的陋室位于安徽和县城中，3 幢 9 间呈“品”字状的房屋，斗拱飞檐，白墙黑瓦，典雅古朴，静谧灵秀。石铺小院绿茵遍地，松竹迎人，含英蕴秀，令人似乎嗅到浓郁的翰墨馨香。院内东侧小巧精致的亭内，立有《陋室铭》碑石，上刻流传千年的《陋室铭》全文，字为书法家孟繁青所书，风骨端凝，清秀悦目。主室正中，有刘禹锡立像一尊，潇洒庄重，上悬“政擢贤良”匾额。陋室占地不广，踱步其间，似觉人与自然在此得到净化。

《陋室铭》通篇 81 字，情与景会，事与心谐。细读此铭，不觉此室之陋，但觉此室之雅：环境之雅，“苔痕上阶绿，草色入帘青”；人文之雅，接纳文人墨客，“谈笑有鸿儒，往来无白丁”；心境之雅，“可以调素琴，阅金经，无丝竹之乱耳，无案牍之劳形”，抒发了作者旷达致远，不同流俗的可贵气质。刘禹锡为官清廉无私，勤于政务，关心民生；为文超世出尘，大智大睿，为后人留

「哲理名言」谈笑有鸿儒，往来无白丁。

下许多朗朗上口、富含哲理的诗歌和散文。

「专家解疑」
朗朗：①形容声音清晰明亮。②形容明亮。

智慧解读

困境永远是真正的天才的晋身之阶，对待生活要保持一颗永久的平常心。因为这世上的痛苦和欢乐，完全取决于眼界的宽窄。

原文

结交须胜[1]己，似我不如无。
但看三五日，相见不如初。
人情似水分高下，世事如云任卷舒。
会说说都是，不会说无理。
磨刀恨不利，刀利伤人指。
求财恨不得，财多害自己。
知足常足，终身不辱。
知止常止，终身不耻。

「千古名句」
知足常足，终身不辱。
知止常止，终身不耻。

注释

①胜：超过，占优势。

译文

结交朋友应该找胜过自己的人，与自己差不多或不如自己的人不如不交。

亲朋故友久别重逢彼此会亲热万分，相聚三五日后就没有当初的亲热了。

人情面子像水一样可分高下，世界上的事像天上的云一样变化无常。

「名师点拨」
近墨者黑，近朱者赤。和比自己优秀的人交往，自己也会受熏陶，变得越来越好。

会说话的人的言语头头是道，不会说话的人的言谈不通事理。

磨刀都想着要磨得锋利，但刀锋利会伤到人的手指头。

寻求财富的时候总嫌少，但钱多了也会害人的。

知足者常乐，终身不为金钱而受侮辱。

凡事要有节制，适可而止，这样一辈子也不会遭受耻辱了。

「哲理名言」知足者常乐，终身不为金钱而受侮辱。

真正的朋友

从前，有一个富商叫范咏。范咏为人宽厚仁爱，仗义疏财，可偏偏这么个好人，命里却摊上了一个让他伤透脑筋的儿子。儿子名叫范学好，本来范咏是想叫他走正道，可儿子偏不学好，平时结交了一帮狐朋狗友，整天吃喝玩乐，不务正业。

为此，范咏很生气，就告诫儿子："为人处世，朋友是要结交一些。可你交的这些人，都是些酒肉朋友，我劝你还是不要跟他们混在一起。"儿子听了，把脖子一拧："我的朋友都是生死之交，绝不是你所说的酒肉朋友。"

范咏见说服不了儿子，苦思冥想，想出了一个好办法。

「专家解疑」苦思冥想：深沉地思索。也说冥思苦想，冥思苦索。

这天，儿子范学好捎信叫自己要好的朋友来家喝酒，时间一到，大家陆陆续续来到堂屋就座，可大家左等右等，范学好却迟迟未露面。大家正等得心焦，就在这时，只见一个浑身是血的人匆匆从堂屋门前跑过，大家吃了一惊：刚才跑过的人不是范学好吗？这是怎么回事？不一会儿，范咏慌慌张张走了进来，说："对不起大家了，犬子刚杀了人，逃了回来，看来我们范家要家破人亡了，你们都是我儿子的好朋友，你们给想个办法吧。"

大家一听，一个个傻了眼，有的推说家里有急事，有的说自己肚子疼，转眼之间就跑得一个人也不剩。

「名师点拨」从朋友们的态度可以看出，他们并不是真正拿范学好当朋友的，不然不会在他有事的时候，避之唯恐不及。

这时范学好正躲在隔壁，听着消息呢。昨天，父亲跟他说了假扮杀人一事，当时只觉得好玩，就应承了下来，没想到却被老父亲一一说中，现在他一句话也没有了。父亲走了过来，语重心长地对他说："你看看，这就是些你平日所结交的朋友。关键时刻，谁过来帮你的忙？"说到此，他换了口吻，对儿子说："孩子，这样吧，待会我领你去见见我交的朋友。我交的朋友不多，只一个半而已。"

「名师点拨」范父的话大有深意，一个半朋友，朋友还有半个么？有的，刎颈交是真正的朋友，至交是半个朋友。范父有一位刎颈交和一位至交，加起来正好一个半。

于是范咏领着儿子来到一个大户人家，叩门环，里面的家人便给主人通报。不一会儿，就见宅门大开，主人率妻子儿女满面春风地出门迎接。只见院子里张灯结彩，净水洒地，迎接贵宾。

范咏也没客气，带着儿子进屋落座后，便对朋友说："不必客套，我今天来府上，是有一事相求的。"朋友淡然一笑说："不论何等事，全包在小弟身上，酒饭之后再说。"

范咏一脸愁容，说："家里出了大祸，小儿不慎杀了人，命已不保，早已无心吃饭饮酒。"朋友一听，不以为然地说："范兄不必忧虑，此事只需用些银两，买通官家就行了。小弟家资虽不实，但现在就是倾家荡产，也要救侄儿一命。"

范咏摇摇头说："此法我已用过，怎奈审理此案的是一位清官，行不通。不知贤弟还有没有其他办法？"

朋友面露难色，低头不语，范咏看了一眼儿子起身便告辞了，朋友一见马上吩咐家人取来五百两银子，说："小弟无能，帮不上大忙，眼下正是用钱之际，这五百两银子，还请范兄收下。"范咏接过银子，放在桌上说："多谢贤弟，银子先放在这里，只待用时我再来拿取。告辞了。"

走出朋友家，范学好说："父亲，我明白了什么才是朋友。"范咏说："孩子，这只是我的半个朋友，咱们现在再去那个朋友家里。"范学好跟父亲又来到一户人家，一进屋，范咏的朋友就问："兄弟，有事吗？"范咏就把编好的故事说了一遍，朋友沉吟半晌，说："你们回去吧，没事了。"范咏说："你有什么办法，说给我听。"

朋友脸色一沉，说："不要问，领侄子回去吧，我自有办法。"

「名师点拨」朋友此时已经做好让自己的儿子替挚友之子顶罪的打算，而做了这样的打算还怕挚友知道后伤心内疚，不愿意告知实情。这样的朋友，才是真正的朋友。

范咏说："你今天不说，我就不走。"

朋友没办法，就朝里屋喊了两声，"咚咚咚"跑出来两个年轻人，朋友对他俩说："我的一个好兄弟的儿子杀了人，他只有这一个儿子，我必须帮他。我想让你们其中的一个去顶罪，你们谁去？”

老大说：“父亲，弟弟小，我去！”

老二抢着说：“父亲，还是让我去吧，嫂子快生了。”

这时，范学好再也忍不住了，“扑通”一声跪倒在地，泪流满面地说：“父亲，我错了，我知道今后该怎么交朋友了。”

智慧解读

朋友人人都有，但不是人人都懂得怎么交朋友，更不是人人都能交到真正的朋友。我们一定要加强自身的修养，真心交友，勇于任事，不辜负朋友对我们的期望。

「专家解疑」
辜负：对不住（别人的好意、期望或帮助）。

原文

有福伤财，无福伤己。
差之毫厘，失之千里。
若登高必自卑，若涉远必自迩[1]。
三思而行，再思可矣。

「千古名句」
差之毫厘，失之千里。

注释

①迩：近，这里是浅薄的意思。

「智慧引路」
“不因善小而不为，不因恶小而为之。”小朋友们，记住，即使是再小的错，也不要抱着侥幸的心理去做，这样只会害了自己。

译文

有福气的人受到伤害无非是损失点钱财，没有福气的人受伤害却是伤到自己。

差错虽然很小，但造成的后果却很大。

如果攀登得很高就会觉得自己渺小，如果走得很远就会觉得自己浅薄。

什么事经过再三思考，一定会有好处的。

故事延伸

僧人和小老鼠

很久以前，在喜马拉雅山的雪山脚下，有一位僧人在那里过着平静的修行生活。

有一天，当这位僧人出门的时候，忽然发现门口躺着一只冻僵的小老鼠，于是就把它抱进屋子里，用双手温暖它。小老鼠渐渐地苏醒过来，恢复了健康，从此和僧人生活在一起，白天到外面晒太阳、玩耍；晚上回到屋子里躺在温暖的羊毛毯子上听这位慈祥的僧人僧讲故事，生活还算愉快。

但是，僧人的家里有一只猫，虽然猫不伤害它，但它每次见到猫时它都感到非常惊恐害怕。

于是，有一天，小老鼠对僧人说："慈悲的修行者，我和你生活在一起感到非常快乐，但是有一件事情我想请求你的帮助。"僧人微笑着说："那是什么事情呢？""当我每次看到您家里的猫的时候，都感到莫名的恐惧。我想请求您，能不能把我变成一只猫呢？"僧人答应了它的要求，把它变成了一只猫。

小老鼠变成猫以后，以为万事大吉了，刚一出门，碰到了一条狗，凶猛的狗把它吓得连滚带爬地回到了屋子里。然后对僧人乞求说："麻烦您，能不能把我变成一条狗？"僧人答应了它的要求。

这下变成了狗的小老鼠大摇大摆地走出了家门，但突然有一只老虎经过它的身边，它吓得拼命地跑回家里。很沮丧地对僧人说："请您再把我变成老虎吧。"僧人照旧答应了它的要求，把它变成了老虎。可当变成了老虎的小老鼠，一见到在厨房里的猫，尖叫了一声惊恐万状地跑回到僧人的身边。

小老鼠百思不得其解，困惑地对僧人说："慈悲的僧人啊，我为什么变成了老虎以后，还是害怕猫呢？"

「智慧引路」

小朋友们，记住古人的话，不管什么事情，经过深思熟虑之后再去做总是没有错的，要知道冲动是魔鬼。

「名师点拨」

"还算愉快"为接下来小老鼠不满自己的弱小埋下了伏笔。

「专家解疑」

万事大吉：一切事情都很圆满顺利。

百思不得其解：反复思索，仍然不能理解。

「哲理名言」
重要的不在于你有什么样的身体和外观，重要的在于你的心。

僧人“哈哈”大笑了起来，然后对它说：“重要的不在于你有什么样的身体和外观，重要的在于你的心。你的心还是小老鼠的心，怎会不害怕猫呢？”

智慧解读

一个人重要的不是所站的位置而是所朝的方向。心有多大，舞台就有多大。

原文

使口不如自走，求人不如求己。
小时是兄弟，长大各乡里。
妒财莫妒食，怨生莫怨死。
人见白头嗔①，我见白头喜。
多少少年亡，不到白头死。
墙有缝，壁有耳。
好事不出门，恶事传千里。

「千古名句」
好事不出门，恶事传千里。

注释

①嗔（chēn）：生气。

译文

动口不如自己动手去干，求人不如自己亲自去办。

过去在一起，长大后却各奔东西。

宁肯妒忌别人的钱财，也不能妒忌别人吃食；别人活着时你可埋怨，人死后就别埋怨了。

别人发现头发白了会生气，我见了却十分高兴。

「专家解疑」
各奔东西：各自走向不同的地方，多指分手或离别。

不少人年纪不大，还不到头发白就死了。

墙壁透风，隔墙有耳，要时时提防。

好事不容易传出去，坏事很快便传得到处都知。

「专家解疑」
隔墙有耳：指说秘密的事会有人偷听。

求人不如求己

1947年，美孚石油公司董事长贝里奇到开普敦巡视工作。在卫生间里，他看到一位黑人小伙子正跪在地板上擦上面的水渍，并且每擦一下，都虔诚地叩一下头。贝里奇感到很奇怪，问他为何如此？黑人答，在感谢一位圣人。贝里奇问他为何要感谢那位圣人？黑人说，是他帮自己找到了这份工作，让他终于有了饭吃。

贝里奇笑了，说，我曾遇到一位圣人，他使我成了美孚石油公司的董事长，你愿意见他一下吗？黑人小伙子说，我是位孤儿，从小靠锡克教会养大，我很想报答养育过我的人，这位圣人若使我吃饱之后，还有余钱，我愿意去拜访他。

「智慧引路」
知恩图报是中华民族的传统美德，小朋友们，我们应该向黑人学习，做一个懂得感恩的好孩子。

贝里奇说："你一定知道，南非有一座很有名的山，叫大温特胡克山。据我所知，那上面住着一位圣人，能为人指点迷津，凡是能遇到他的人都会前程似锦。20年前，我去南非登上过那座山，正巧遇到他，并得到他的指点。假如你愿意去拜访，我可以向你的经理说情，准你一个月的假。"这位年轻的黑人谢过贝里奇后就上路了，在30天的时间里，他一路披荆斩棘，风餐露宿，历尽艰辛，终于登上了白雪覆盖的大温特胡克山，他在山顶徘徊了一天，除了自己，什么都没有遇到。黑人小伙子很失望地回来了，他见到贝里奇后，说的第一句话是："董事长先生，一路上我处处留意，直至山顶，我发现，除了我之外，根本没有什么圣人。"贝里奇："你说得很对，除你之外，根本没有什么圣人。"

「哲理名言」
除你之外，根本没有什么圣人。

20年后，这位黑人小伙儿做了美孚公司开普敦分公司的总经理，他的名字叫贾姆讷。2000年，世界经济论坛大会在上海召开，他作为美孚石油公司的代表参加了大会，在一次记者招待会上，针对他的传奇一生，他说了这么一句话：你发现自己的那一天，那就是你遇到圣人的时候。每一个人的一生都是自己的，走怎样的路都只能由自己决定，从没有什么圣人、高人可以帮你。善于发现自己，认识自己比什么都重要。

「哲理名言」
善于发现自己，认识自己比什么么都重要。

智慧解读

对于一个人来说，人生就是不断发现并成长的过程。从来没有什么圣人，认识自己比什么都重要，自己就是自己的圣人。

原文

「千古名句」
君子固穷，小人穷斯滥矣。

贼是小人，知过君子。
君子固[1]穷，小人穷斯滥矣[2]。
贫穷自在，富贵多忧。
不以我为德，反以我为仇。
宁向直中取，不可曲中求。
人无远虑，必有近忧。

注释

①固：固守，安宁。
②穷斯滥矣：斯，就。滥，泛滥，指胡作非为。

译文

「专家解疑」
胡作非为：不顾法纪或舆论，任意行动。

贼虽然是小人，但他脑子并不笨，甚至比一般的聪明人还要聪明。

君子虽然穷但能安守本分，若小人穷了的话便会胡作非为。

人穷可以活得自在，钱财多了忧虑也多。

不但不感谢我，说我好，反而骂我，以我为仇。

宁可正直做人，不可委曲迁就，以求保全。

人如果没有对长远计划的考虑，很快就会遇到困难和问题。

「智慧引路」做事情、想问题一定要用长远的、发展的眼光。小朋友们，不管做什么，眼光都不可太狭隘，那样即使一时取得了好的结果，从长远看，也是不利的。

故事延伸

徐晦知恩图报

杨凭有个叫徐晦的门客，平时杨待他很好。后来杨凭获罪被流放，亲戚朋友都害怕惹祸上身，没有人敢去探望他。只有徐晦一人追随，把他送到陕西蓝田方才离去。曾经当过宰相的权德舆对徐晦说："你对待杨凭真是天高地厚，不怕会受连累吗？"徐晦说："我还是平民百姓时，杨凭对我有知遇之恩，如今他刚被流放，我怎么能弃之不顾、不辞而别呢？要是那样，假设有一天权公被奸人陷害，恐怕我也要躲得远远的了。"权德舆很赞赏他的忠厚善良。

「专家解疑」天高地厚：①形容恩情深厚。②指事物的复杂、深奥程度（多用作"不知"的宾语）。

智慧解读

人心都是肉长的，我们待人要以诚换诚，将心比心。

原文

知我者谓我心忧，不知我者谓我何求①？

晴天不肯去，只待雨淋头。

成事莫说，覆水难收②。

是非只为多开口，烦恼皆因强出头。

忍得一时之气，免得百日之忧。

近来学得乌龟法，得缩头时且缩头。

「千古名句」知我者谓我心忧，不知我者谓我何求。

注释

①"知我"二句：语出《诗经·王风·黍离》。

②覆水难收：倒在地上的水难以收回。比喻事情已成定局，无法挽回。

译文

了解我的心情的人知道我心里的烦恼；不了解我心情的人还以为我久留不去是有什么需求呢。

天气好时不愿意去，直到雨淋头了才行动，错过了时机。

事情已经成为事实了，就像水已经洒了不能收回一样，说了也没用。

不管什么是非都是因为话多了引起的，许多烦恼的原因是争强好胜的结果。

遇到生气的事情忍一忍就过去了，免得以后惹出长期的烦恼。

人要像乌龟一样，情况不利时要把头缩到壳中去。

「哲理名言」不管什么是非都是因为话多了引起的，许多烦恼的原因是争强好胜的结果。

故事延伸

杨修弄才

东汉末年，杨彪的儿子杨修，是个文学家，才思敏捷，灵巧机智，后来成为"一代奸雄"东汉相国曹操的谋士，官居主簿，替曹操典领文书，办理事务。

有一次，曹操命人造了一所后花园。落成时，操去观看，在园中转了一圈，临走时什么话也没有说，只在园门上写了一个"活"字。工匠们不解其意，就去请教杨修。杨修对工匠们说，门内添"活"字，乃阔字也，丞相嫌你们把园门造得太宽大了。工匠们恍然大悟，于是重新建造园门。完工后再请曹操验收。操大喜，问道："谁领会了我的意思？"左右回答："多亏杨主簿赐教！"曹操虽表面上称好，而心底却很忌讳。

「专家解疑」

恍然：形容忽然醒悟。

忌讳：①因风俗习惯或个人原因等，对某些言语或举动有所顾忌，积久成为禁忌。②对某些可能产生不利后果的事力求避免。③因风俗习惯或个人原因而形成的禁忌。

有一天，塞北有人给曹操送了一盒精美的酥（奶酪），想巴结他。曹操尝了一口，突然灵机一动，想考考周围文臣武将的才智，就在酥盒上竖写了“一合酥”3个字，让使臣送给文武大臣。大臣们面对这盒酥，百思不得其解，就向杨修求教。杨修看到盒子上的字，竟拿取餐具给大家分吃了。大家问他：“我们怎么敢吃魏王的东西？”杨修说：“是魏王让我们一人一口酥嘛！”在场的文臣武将都为杨修的聪敏而拍案叫绝。而后，操问其故，修从容回答说：“盒上明明写着‘一人一口酥’，岂敢违丞相之命乎？”曹操虽然喜笑，而心头却很妒忌杨修。

「专家解疑」

聪敏：聪明敏捷。

妒忌：忌妒。对才能、名誉、地位或境遇等胜过自己的人心怀怨恨。

曹操多猜疑，生怕人家暗中谋害自己，常吩咐左右说：“我梦中好杀人，凡我睡着的时候，你们切

勿近前！”有一天，曹操在帐中睡觉，故意落被于地，一近侍慌取被为他覆盖。曹操即刻跳起来拔剑把他杀了，复上床睡。睡了半天起来的时候，假装做梦，佯惊问：“何人杀我近侍？”大家都以实情相告。曹操痛哭，命厚葬近侍。人们都以为曹操果真是梦中杀人，唯有杨修又识破了他的意图，临葬时指着近侍尸体而叹惜说：“丞相非在梦中，君乃在梦中耳！”曹操听到后更加厌恶杨修。

「哲理名言」
丞相非在梦中，君乃在梦中耳！

曹操出兵汉中进攻刘备，困于斜谷界口，欲要进兵，又被马超拒守，欲收兵回朝，又恐被蜀兵耻笑，心中犹豫不决，正碰上厨师进鸡汤。操见碗中有鸡肋，因而有感于怀。正沉吟间，夏侯惇入帐，禀请夜间口号。曹操随口答道：“鸡肋！鸡肋！”惇传令众官，都称“鸡肋！”行军主簿杨修见传“鸡肋”二字，便教随行军士收拾行装，准备归程。有人报知夏侯惇。惇大惊，遂请杨修至帐中问道：“公何收拾行装？”修说：“以今夜号令，便知魏王不日将退兵归也。鸡肋者，食之无肉，弃之有味。今进不能胜，退恐人笑，在此无益，不如早归，来日魏王必班师矣。故先收拾行装，免得临行慌乱。”夏侯惇说：“公真知魏王肺腑也！”遂亦收拾行装。于是寨中诸将，无不准备归计。曹操得知此情后，唤杨修问之，修以鸡肋之意对。操大怒说：“你怎敢造谣言，乱我军心！”喝刀斧手推出斩之，将首级号令于辕门外。

「名师点拨」
曹操晚年的时候，曹植和曹丕弟兄为争大位分为两派，杨修是曹植的人。曹操借口惑乱军心杀杨修，实则是打压曹植，为曹丕继承大位作铺垫。

智慧解读

聪明不可太过，尤其是在讲求伴君如伴虎的封建时代，下属若锋芒太过抢了主上风头，便不免招致杀身之祸。

原文

惧[1]法朝朝乐，欺公日日忧。

人生一世，草生一春。

黑发不知勤学早，看看又是白头翁。

月到十五光明少，人到中年万事休。

儿孙自有儿孙福，莫为儿孙作马牛。

人生不满百，常怀千岁忧[2]。

「千古名句」

人生不满百，
常怀千岁忧。

注释

①惧：害怕。这里引申为遵守。
②“人生”二句：语本《古诗十九首》。

译文

遵纪守法就会心安理得，平安快乐；藐视和违反国家法规就会天天忧心东窗事发。

「专家解疑」东窗事发：指罪行、阴谋暴露。

人活在世上，要抓住好时机，因为春光易老，时间太短。

年轻时不知勤学惜时，转眼间光阴逝过，很快便会成为白发人。

月亮到了十五以后会一天比一天光明少去，人到中年后也将不会有什么大的发展了。

孩子们自然会有他们的生活和乐趣，不要为他们当牛做马枉劳神。

人的寿命不会超过百岁，却常常为了千年的事情忧虑。

「哲理名言」人的寿命不会超过百岁，却常常为了千年的事情忧虑。

故事延伸

虚度的光阴

埃斯特·卡西拉买了一幢豪华的别墅。一天，他下班回来，看见有个人从他的花园里扛走一只箱子，装上卡车拉走。

他还来不及叫喊，那人就走了。类似的事情后来又发生过好多次。这一天，埃斯特·卡西拉决定开车去追。那辆卡车走得很慢，最后停在城郊的峡谷旁。

「名师点拨」这个人是谁，为什么要把箱子扔进谷底呢？作者这样写其实是为了留下悬念，吸引读者读下去。

卡西拉下山后，发现陌生人把箱子卸下来扔进了山谷。山谷里已经堆满了箱子，规格式样都差不多。

他走过去问：“刚才我看见您从我家扛走一只箱子，箱子里装的是什么？这一堆箱子又是干什么用的？”

那人打量了他一眼，微微一笑说：“您家还有许多箱子要运走，您不知道？这些箱子都是您虚度的日子。”

“什么日子？”

“您虚度的日子。”

“我虚度的日子？”

“对。您白白浪费掉的时光、虚度的年华。您曾盼望美好的时光，但美好时光到来后，您又干了些什么呢？您过来瞧瞧，它们各个完美无缺，根本没有用过，不过现在……”

卡西拉走过来，顺手打开一个箱子。

箱子里有一条暮秋时节的道路。他的未婚妻格拉兹正在慢慢走着。

他打开第二个箱子，里面是一间病房。他弟弟约翰躺在病床上在等他归去。

他打开第三个箱子，原来是他那所老房子。他那条忠实的狗杜克卧在栅栏门口等他。它等了他两年，已经骨瘦如柴。

卡西拉感到心口被什么东西夹了一下，绞痛起来。陌生人像审判官一样，一动不动地站在一旁。

卡西拉说：“先生，请您让我取回这三只箱子，我求求您。起码还给我三天吧。我有钱，您要多少都行。”

陌生人做了个根本不可能的手势，意思是说：“太迟了，已无法挽回。说罢，那人和箱子一起消失了。”

夜幕悄悄降临，把大地笼罩在黑暗之中。

「智慧引路」我们都期望我们的生活能够充满美好时光，但当真正的美好时光来临的时候，却又毫不吝啬地任其白白溜走。小朋友们，我们一定要珍惜我们的时间，多做有意义的事情。

「名师点拨」这世上唯有流水和时光是永远不会倒流的，卡西拉想通过金钱买回曾经虚度的时光，这只能是痴心妄想。

智慧解读

这世上有无数人向往不朽，却不知道该在下雨的星期五下午干什么。美好的时光是那样的可贵，却没有被好好珍惜。人总是在拥有的时候不好好珍惜，失去了之后才后悔莫及。

原文

今朝有酒今朝醉，明日愁来明日忧。

路逢[1]险处难回避，事到头来不自由。

药能医假病，酒不解真愁。

人贫不语，水平不流。

一家有女百家求，一马不行百马忧。

「千古名句」

一家有女百家求，一马不行百马忧。

注释

①逢：遇到。

译文

今天有酒就痛痛快快地喝，明天的烦恼忧愁，明天再说吧。

路上遇到险处无论如何也要想方法通过去，事情轮到头上想躲避也躲避不了。

药对假病起作用，喝酒却不能解除真正的忧愁。

水平了不会流动，人穷了不要说话。

一家有姑娘，很多人都来求婚；一匹马不走了，百匹马也走不了。

「智慧引路」

遇到事情，逃避是没有用的。小朋友们，千万不要做逃兵，要做一个勇敢面对现实、积极想办法、努力解决问题的人。

故事延伸

害群之马

有一次，黄帝要到具茨山去拜见贤人大隗。方明、昌寓一左一右护卫，张若、他朋在前边开路，昆阍、滑稽在车后随从。他们来到襄城的原野时，迷失了方向。七位圣贤都迷路，找不到一个人指路。

「专家解疑」

随从：①跟随（首长）。②随从人员。

这时，他们遇到一个放马的孩子，便问他：“你知道具茨山在哪里吗？”

孩子说：“当然知道了。”

“那么你知道大隗住在哪里吗？”

那孩子说：“知道。”

黄帝说：“这孩子真叫人吃惊，他不但知道具茨山，还知道大隗住在哪里。那么我问你，你是否知道如何治理天下呢？”

孩子说：“治理天下，就像你们在野外行游一样，只管前行，不要无事生非，把政事搞得太复杂。我前几年在尘世间游历，常患头昏眼花的毛病。有一位长者教导我说：‘你要乘着阳光之车，在襄城的原野上行游，忘掉尘世间的一切。’现在我的毛病已经好了，我又要开始在茫茫世尘之外畅游。治理天下也应当像这样，我想用不着我来说什么。”

「专家解疑」

无事生非：本来没有问题而故意制造纠纷。

黄帝说：“你说得太含糊了，究竟该怎样治理天下呢？”

“治理天下，和我放马又有何不同呢？只要把危害马群的马驱逐出去就行了。”

黄帝大受启发，称牧童为“天师”，再三拜谢，方才离开。

「名师点拨」

黄帝之所以能够成就霸业，跟他的敢于并且善于用人是分不开的。英雄不论出处，只要有真才实学，皆可为我所用。只有这种海纳百川的胸怀，才是成功的前提条件。

智慧解读

俗话说：“一颗老鼠屎坏了一锅汤。”国家想要长治久安，首要在用人。一定要把“害群之马”及时从队伍里驱逐出去，这样队伍纯洁，行动就能协调一致了。

原文

「千古名句」

有花方酌酒，
无月不登楼。

有花方酌[①]酒，无月不登楼。

三杯通大道，一醉解千愁。

深山毕竟藏猛虎，大海终须纳[②]细流。

惜花须检点，爱月不梳头[③]。

大抵选他肌骨好，不擦红粉也风流。

受恩深处宜先退，得意浓时便可休。

莫待是非来入耳，从前恩爱反为仇。

注释

①酌：斟，饮。

②纳：接受。

③梳头：古代青楼让少女接客前会帮她改变发型，称“梳头”。

译文

有名花欣赏，饮酒时才有乐趣，没有月亮登上楼台也没什么兴致。

几杯酒喝下去，什么道理都通了，如果醉了什么忧愁烦恼也都消失了。

猛虎需要藏在深山中，细流终究还要归入大海。

爱惜花朵自己的行为就得规矩，喜爱月亮的人往往洁身自好。

大概因为她天生丽质，不擦胭脂水粉也是那么美丽。

得到恩惠太多时应该退让，称心如意时不要过于骄傲自满。

要少听或不听是非话，听多了，再好的人也会成为仇人。

「专家解疑」

自满：满足于自己已有的成绩。

学富五车：形容读书多，学问大。

故事延伸

范蠡急流勇退

范蠡，字少伯，春秋末期的政治家、军事家和经济学家。楚国宛（今河南南阳）人。大约出生于公元前517年，约于公元前420年无疾而终，享年几近百岁高龄，被称为“中国商人圣祖”。

范蠡出身贫寒，但聪敏睿智、胸藏韬略，年轻时，就学富五车，上晓天文、下识地理，满腹经纶，文韬武略，无所不精。“范蠡事越王勾践，既苦身戮力，与勾践深谋二十余年，竟灭吴，报会稽之耻。”（《史记·越王勾践世家第十一》）使越国成为春秋末期的强国，官封上将军。范蠡以为盛名之下，难以久居，应当适时而退。他在一次随勾践征伐邻国途经五湖时，向勾践告辞，说：“君王好自勉之，臣不复入越国矣。”勾践大感意外，软硬兼施，但还是没能留住范蠡。范蠡“乃装其轻宝珠玉，自与其私徒属乘舟浮海以行，终不反。”（《史记·越王勾践世家第十一》）

后至齐，父子努力耕作，致产数十万。齐人闻其贤，使为相。范蠡辞去相职，定居于陶（今山东定陶西北，另一说法为山东肥城陶山），经商积资巨万，称“陶朱公”。

「名师点拨」

范蠡具王佐之才，同时又通晓世事，激流勇退，可谓知机，是先秦乃至整个中国封建社会罕见的智士。他是后来深处政治漩涡无力退步抽身的仕途中人永恒的精神坐标。

范蠡既能治国用兵，又能齐家保身，是先秦时期罕见的智士，史书概括其平生“与时逐而不责于人”。

智慧解读

在功业未成的时候，要戮力前行；在功业鼎盛的时候，往往则需要急流勇退。这二者之间蕴含着朴素而深刻的辩证法，急流勇退谓之知机。

「千古名句」

留得五湖明月在，不愁无处下金钩。

「千古名句」

忍一句，息一怒；饶一着，退一步。

原文

留得五湖明月在，不愁无处下金钩[1]。
休别有鱼处，莫恋浅滩头。
去时终须去，再三留不住。
忍一句，息一怒；饶一着，退一步。

注释

①金钩：金属钓钩。

译文

只要有五湖明月在，也不愁没有地方下鱼钩了。

不要离开有鱼有地方，不要去迷恋浅水滩头。

该失去的，再怎么强留也留不住。

忍着少说一句，就可平息一次怒火；让人一步，别人也会后退一步。

「专家解疑」

平息：①(风势、纷乱等）变得平静或停止。②用武力平定。

尝胆励志

春秋时期，吴越两国相邻，经常打仗，有次吴王阖闾领兵攻打越国，被越王勾践的大将灵姑浮砍中了右脚，最后伤重而亡。吴王死后，他的儿子夫差继位。三年以后，夫差带兵前去攻打越国，以报杀父之仇。

公元前 497 年，两国在夫椒交战，吴国大获全胜，越王勾践被迫退居到会稽。吴王派兵追击，把勾践围困在会稽山上，情况非常危急。此时，勾践听从了大夫文种的计策，准备了一些金银财宝和几个美女，派人偷偷地送给吴国太宰，并通过太宰向吴王求情，吴王最后答应了越王勾践的求和。但是吴国的伍子胥认为不能与越国讲和，否则无异于放虎归山，可是吴王不听。

「专家解疑」

危急：危险而紧急。

放虎归山：纵虎归山。

越王勾践投降后，便和妻子一起前往吴国，他们夫妻俩住在夫差父亲墓旁的石屋里，做看守坟墓和养马的事情。夫差每次出游，勾践总是拿着马鞭，恭恭敬敬地跟在后面。后来吴王夫差有病，勾践为了表明他对夫差的忠心，竟亲自去尝夫差大便的味道，以便来判断夫差病愈的日期。夫差病好的日期恰好与勾践预测的相合，夫差认为勾践对他敬爱忠诚，于是就把勾践夫妇放回越国。

越王勾践回国以后，立志要报仇雪恨。为了不忘国耻，他在坐卧的地方挂着苦胆，吃饭前总要尝一下，表示不忘国耻，不忘艰苦。

经过十年的积聚，越国终于由弱国变成强国，最后打败了吴国，吴王羞愧自杀。

「名师点拨」

伍子胥在阻拦夫差不要接受越国求和未遂的时候，愤慨地说了一句话：“越十年生聚，而十年教训，二十年之外，吴其为沼乎！”后来也确实如他所说。

智慧解读

有志者，事竟成。但没有人能够随随便便成功，能“一夕成名”的人，必定在那一夕之前，有着千百个夜晚，暗暗地演练。想要做成大事业，需要首先问问自己：你能否做到十年尝胆励志？

原文

「千古名句」
三十不豪，四十不富，五十将来寻死路。

三十不豪，四十不富，五十将来寻死路。
生不认魂，死不认尸。
父母恩深终有别，夫妻义重也分离。
人生似鸟同林宿，大限[1]来时各自飞。
人善被人欺，马善被人骑。
人无横财[2]不富，马无夜草不肥。

「千古名句」
人无横财不富，马无夜草不肥。

注释

①大限：寿数，死期。
②横财：指非法或侥幸获得的钱财。

译文

「专家解疑」
晚年：人年老的时期。
不义之财：不应该得到的或以不正当的手段获得的钱财。

假如三十岁时没有才能，四十岁时没有家产，五十岁以后就不能安度晚年了。

态度坚决，死活不要。

与父母的恩情再深，也终究会离开的；夫妻之间的感情再重，也不会永远在一起。

人们像鸟一样同宿在一个林子里，到寿命终了时也就各奔西东了。

人善良了会被人欺负，马老实了，谁都可以骑。

人如果没有不义之财便不会富；夜里，马不食草料便不会长肥。

故事延伸

孔雀东南飞

东汉建安年间，有一个名叫刘兰芝的少女，美丽、善良、聪明而勤劳。

才貌双全的刘兰芝和庐江小吏焦仲卿真诚相爱。夫妻俩互敬互爱，感情深挚，不料偏执顽固的焦母却看她不顺眼，百般挑剔，并威逼焦仲卿将她驱逐。焦仲卿迫于母命，无奈只得劝说兰芝暂避娘家，待日后再设法接她回家。分手时两人盟誓，永不相负。

谁知兰芝回到娘家后，慕名求婚者接踵而来，先是县令替子求婚，后是太守遣丞为媒。兰芝因与仲卿有约，断然拒绝。趋炎附势的哥哥逼她改嫁太守的儿子。兰芝不得已应允太守家婚事，其实已作了以死抗争的打算。仲卿闻变赶来，责问兰芝，兰芝道出真情，许下诺言，夫妻约定“黄泉下相见”。

结婚当晚，兰芝投河自尽，仲卿听后也吊死树下。最后两家求得合葬，葬后两人双双化鸟，告诫世人。

刘焦二人双双命赴黄泉，成千古绝唱。

「专家解疑」

接踵而来：后面的人的脚尖接着前面的人的脚跟，形容人或事物一个又一个接连不断。

「名师点拨」

孔雀东南飞的故事是流传千古的爱情悲剧，一对有情人被婆婆生生拆散后双双从容赴死，令人感慨万千。

智慧解读

爱情是人类最美好、最珍贵的情感。爱情的守护者是人间的天使，而爱情的戕杀者则是人间的“撒旦”。

原文

人恶人怕天不怕，人善人欺天不欺。

善恶到头终有报，只争来早与来迟。

黄河尚有澄[1]清日，岂可人无得运时。

得宠思辱，安居思危。

念念有如临敌日，心心常似过桥时。

英雄行险道，富贵似花枝。

「千古名句」

人恶人怕天不怕，人善人欺天不欺。

注释

①澄：水清。

译文

人们都害怕恶人，但老天是不害怕的；善良的人经常被人欺负，但不会受老天的欺负。

行为的好坏，最后都有与之匹配的结果，也只是推迟和提前的问题。

黄河尚有水清的时候，人怎么可能没有运气好的时候呢？

得到宠爱时要想想忍受屈辱的日子，安居乐业时要多多考虑可能发生的危险。

人要常警觉，处处小心谨慎，就像走路过桥一样不要大意。

创造英雄业绩的人难免会遇到危险，贪图安逸富贵虽无危险，却难以长久。

「智慧引路」

恶有恶报，善有善报。小朋友们，千万不可为了贪图一时的快意而做坏事，天网恢恢，迟早是会得到惩罚的。

「专家解疑」

安居乐业：安定地生活，愉快地工作。

故事延伸

居安思危

有一次，宋、齐、晋、卫等12国联合围攻郑国。郑国忙向晋国求和，晋国表示同意，其余11国因为惧怕晋国，也就停止了进攻。

郑国为了答谢晋国，赠送给晋国许多兵车、乐器、乐师和歌女。晋悼公十分高兴，于是把歌女的一半分赠给他的功臣魏绛，并对他说："你这几年中为我出谋划策，事情办得很顺利，真是太好了，现在让咱们一同来享受享受吧！"

然而，魏绛却不肯接受，劝晋悼公说："现在您能团结和统一许多国家，这是您的能耐，也是大臣齐心合力的结果，我并没有什么功劳，怎能无功受禄呢？不过，我很愿意您在享受快乐的时候，能够想到国家以后的许多事情。书上

说：‘安居的时候，应该想到可能发生的危险。’能够这样做事才会先有准备，有准备才可避免失败和灾祸的到来。”

「名师点拨」
魏绛不居功，并且在晋悼公论功行赏的时候保持清醒的头脑，劝他居安思危，真不愧是千古名臣。

智慧解读

古人说：“居安思危，思则有备，有备无患。”世事白云苍狗，变幻莫测，我们每个人都要时刻保持一颗清醒的头脑，居安思危，及时应对生活中可能出现的各种风浪。

原文

人情莫道春光好，只怕秋来有冷时。
送君千里，终须一别。
但将冷眼看螃蟹，看你横行[1]到几时。
见事莫说，问事不知。

「千古名句」
送君千里，终须一别。

注释

①横行：行动蛮横。

译文

「哲理名言」
都说世间的人情像春天的景致那样美好，这是因为还没到变冷的时候。

都说世间的人情像春天的景致那样美好，这是因为还没到变冷的时候。

送人送得再远，最后也要分别。

用冷静的眼光盯着横行霸道的人，看他还能活动多久。

见了什么事也不表态，问什么情况也不知道。

故事延伸

送君千里，终须一别

「专家解疑」
复苏：生物体或离体的器官、组织或细胞等在生理机能极度减缓后又恢复正常的生命活动；苏醒过来。

后会有期：以后还有相见的时候（多用于离别时安慰对方）。

在万物复苏，百花争艳的季节，风景美丽，人们的心情愉快。但是李白心情烦闷，独自一人“饮酒作乐”。为什么呢？原来李白的好友孟浩然这两天要到广陵——扬州办事。

为了给孟浩然饯行，李白在黄鹤楼设宴作别。临行那天，雾笼繁花，风景独艳。孟浩然赴约而来。

李白与孟浩然坐在黄鹤楼的顶层，一边饮酒，一边回忆以前的美好来往。只见李白斟满了一杯酒，递给了孟浩然说道：“孟兄！今日一别，不知何时能与你相会，请饮此杯，祝兄一路顺风！”

“今日暂别，咱们后会有期！”孟浩然接过酒，仰头一饮而尽，“贤弟，你要多保重身体……”

“孟公子，天色不早啦！我们该启程了。”船家喊道。

孟浩然在船家的一再催促下，来到江边，登上船，李白也跟来。孟浩然强忍自己心中的伤感，对李白拱拱手说道：“贤弟，告辞！我们后会有期！”

“孟兄，后会有期，保重！”李白依依不舍地说。

孟浩然接着说："贤弟！回去吧！送君千里，终须一别！"

"开船了！"只听船家的一声喊道，船缓缓地离开了码头，船随着江水的流动向东驶去。而李白始终伫立在江边，目送着船远去，船越驶越远，消失在水天相接的地方。

李白望着长江的水向远方奔腾，还是不肯离开。李白不禁回忆起了与孟浩然在一起的情景：在春天，一起赏花，一起吟诗；在夏天，在江边一边饮酒，一边论古道今……

这时李白感慨万千，诗情大发，马上回到黄鹤楼，挥笔写下一首诗——《送孟浩然之广陵》：

故人西辞黄鹤楼，烟花三月下扬州。

孤帆远影碧空尽，唯见长江天际流。

「名师点拨」

多情自古伤离别，尤其文人之间的别离，更加令人伤感。作者通过如诗的文字，点出了李孟二人的殷殷情怀。不过也正是这次离别，为我们留下了千古绝唱——《送孟浩然之广陵》。

「专家解疑」

奔腾：（许多马）跳跃着奔跑。

智慧解读

亲人是上帝赐予我们的，朋友则是我们自己挑选的。一个人最可贵的财富，就是几个头脑和心地都很正直的朋友。

原文

闲事休管，无事早归。

假缎染就真红色，也被旁人说是非。

善事可作，恶事莫为。

许[1]人一物，千金不移。

龙生龙子，虎生虎儿。

龙游浅水遭虾戏，虎落平阳被犬欺。

「千古名句」

龙游浅水遭虾戏，虎落平阳被犬欺。

注释

①许：预先答应给予。

译文

少管别人的闲事，没有什么事就早点儿回家吧。

假如你做的事十全十美，也会有人说三道四。

好事可以做，恶事不能为。

答应了的事情，想方设法也要做到。

龙生龙，虎生虎。

龙到浅水里会遭虾戏弄，虎落平原，狗都会去欺负。

「专家解疑」

十全十美：各方面都十分完美，毫无缺陷。

「哲理名言」

龙到浅水里会遭虾戏弄，虎落平原，狗都会去欺负。

故事延伸

韩云门娶盲女

项城有个韩云门，名叫埍，聘娶戚家的女儿。

不久，戚家的女儿双目失明了。戚家认为韩云门年纪轻轻就能做文章，以后肯定会成大器，但是一个盲女是不适合做他配偶的，打算退婚来使得女儿终老在家里。

韩云门的父母准备答应，但韩云门断然不肯，仍然按照礼数将（盲女）迎娶回家。

戚家无奈，只好陪嫁了一个美丽的婢女。韩云门说："人看到（美婢）就会动情，还不如不见，这样能成全家庭美满。"于是把婢女退了回去。

后来韩云门壬子年在乡试时中举，（被派）去外地做教谕，带着妻子一同上任，夫妻亲密无间。河南人称赞韩云门品行淳厚。

「名师点拨」

韩云门真是位谦谦君子，信守婚约，不以未婚妻是位盲女而违背信义退婚。同时坚拒美婢的诱惑，以成全家庭的美满。所以河南人称赞其品行淳厚。

智慧解读

人无信不立，在社会上，诚信就是我们在世间行走最好的通行证。他通向人性的美好和世界的坦途，中间延伸的是一条真正的康庄大道。

原文

一举首登龙虎榜，十年身到凤凰池。

十年窗下无人问，一举成名天下知。

酒债寻常行处有，人生七十古来稀。

养儿待老，积谷防饥。

鸡豚狗彘之畜[1]，无失其时。数口之家，可以无饥矣。

「千古名句」

酒债寻常行处有，人生七十古来稀。

注释

①畜：养。

译文

一次科举考试就中了榜首，苦读十年终于获得了大展宏图的机会。

十年在寒窗内苦读无人知晓，一下子成了名后天下人都知道。

喝酒欠债的事到处都有，但人活到七十岁的情况却很少。

养儿是为了老有依靠，积攒粮食是为了防止挨饿。

鸡、猪和狗一类家畜不错过它们的繁殖时节，这样一家老少就不会挨饿。

「专家解疑」

宏图：远大的设想；宏伟的计划。

繁殖：生物产生新的个体，以传代。

故事延伸

陈子昂摔琴成名

陈子昂一开始进入京城时，并不为人所知。有一次，有个卖胡琴的，要价一百万钱。豪绅贵族们传看很久，没有人敢吱一声。这时，陈子昂突然出现在卖主面前，对左右的人说：“到我家去取

「专家解疑」缗(mín)：用于成串的铜钱，每串一千文。

一千缗钱，这琴我买了！”众人惊奇地问他为何肯出这么高的价钱，陈子昂回答道：“因为我善于演奏这种乐器。”众人都说：“那我们可以听听你演奏的乐曲吗？”陈子昂说：“明天你们到宣阳里，听我演奏。”

第二天，众人如期前往。到那儿一看，见陈子昂已将酒菜准备齐全，胡琴就放在席前。吃喝已毕，陈子昂捧着胡琴对众人说道：“我陈子昂本是四川有名的才子，有文章一百多篇，奔走于京城，风尘仆仆，却不为人知。这种乐器只不过是低贱的乐工所演奏的，我怎么会对这玩意感兴趣呢？”说罢，举起胡琴摔碎在了地上，然后把文章赠给参加宴会的人。一天之内，陈子昂的名声便传遍了整个京城。

「名师点拨」陈子昂摔琴成名，这举动可以和当世任何一位营销大师媲美。一个人只有才学是不行的，还要敢于并且善于营销自己。

智慧解读

人生有许多机会是要靠自己去争取的。如果你有能力，就应该自告奋勇地去争取那种许多人无法胜任的任务，你的毛遂自荐也正好显示你的存在，这样你成功的机会也将会大大增加。

原文

常将有日思无日，莫把无时当有时。
时来风送滕王阁[①]，运去雷轰荐福碑[②]。
入门休问荣枯事，观看容颜便得知。
官清书吏瘦，神灵庙祝肥。
息却雷霆之怒，罢却虎狼之威。
饶人算之本，输人算之机。

「千古名句」官清书吏瘦，神灵庙祝肥。

注释

①滕王阁：指《滕王阁序》，唐王勃作。

②荐福碑：元代马致远作。写穷秀才张镐历尽千辛万苦才得以中状元的故事。

译文

生活好时要多想想以后可能会过贫困的日子，不要到了一无所有的时候再回想以前的好日子。

「名师点拨」过日子，千万不可得过且过，得有计划，也得对未来有想法。

时运好时，不利的情况也能变好；运气差时，好的局面也会变坏。

到别人家里不必打听主人得意与否，看看他们的脸色表情也就知道了。

当官的清廉，下面听差的不会有油水捞；哪座庙里神仙灵，进这座庙的人就多。

不能发太大的火，不要耍什么威风。

能宽恕别人是做人之根本，能捐助别人也是至关重要的。

「哲理名言」能宽恕别人是做人之根本，能捐助别人也是至关重要的。

故事延伸

运去雷轰荐福碑

饶州城里有一位很有文才的穷书生。

一天，这个穷书生在署衙门前等待着求见范仲淹，不多时便见到了范仲淹。范仲淹从书生的谈吐中，发现书生很有才气，且有报国大志，也得知书生的生活极端贫困，连饭都没有饱食过一餐，家中毫无分文，还想进京科考。

范仲淹很同情他的处境，也很欣赏他的才华和志向，于是便想出一个主意，叫随从拿出纸墨，令随从陪同穷书生前往饶州城东荐福寺，拓欧阳询的碑帖，去京师售卖，每本可获千钱。

按当时的规定这个碑刻是不可随便拓印的，由于有范仲淹的手令，寺中和尚答应了给书生拓印，但因天色已晚，准备第二天再拓。

不料，这一夜之间雷雨大作，雷雨将石碑击得粉碎。穷书生伤心地只怨自己命运不佳。

范仲淹也为此而叹惜，为了使穷书生不失科考的良机，便从自

「专家解疑」拓(tà)印：把碑刻、铜器等的形状和上面的文字、图形印下来，方法一般是在物体上蒙一层薄纸，先拍打使之凹凸分明，然后上墨，显出文字、图像来。

己微薄的薪水中拿出银两送给穷书生，穷书生含泪收下，赴京科考去了。

智慧解读

我们要增强对世事的掌控能力，不可否认这个世界上有些事情确实需要运气的成分，但是更多的时候我们要从自身出发，不能依靠运气。

原文

好言难得，恶语易施。

一言既出，驷马难追[①]。

道吾好者是吾贼，道吾恶者是吾师。

路逢侠客须呈剑，不是才人莫献诗。

三人行，必有我师焉；择其善者而从之，其不善者而改之。

「千古名句」一言既出，驷马难追。

「千古名句」三人行，必有我师焉；择其善者而从之，其不善者而改之。

注释

①一言既出，驷马难追：原出于《论语·颜渊》，指一句话说了出口，即使用四匹马拉的车子，也追不回来。比喻说了出口的话，难再收回。“驷马”，指古代用四匹马拉的车子。

译文

对人说好话很难，讲坏话却很容易。

话说出口了，就没法再收回来。

吹捧我们的人是别有用心的人，批评我们的人才是我们的老师。

遇到侠客就呈上宝剑，遇到的不是才子，就不要献诗。

「专家解疑」别有用心：言论或行动中另有不可告人的企图。

三个人在一起，其中必有我可以学习的人；学习人家的好品行，摒弃别人的坏习惯。

「专家解疑」

文采：①华丽的色彩。②文学方面的才华。

故事延伸

一言既出，驷马难追

春秋时，卫国有个大夫，叫作棘子成。有一天，棘子成对孔子的学生子贡说："君子只要有好的本质就够了，干吗还要文采呢？"

子贡说："您这样说是不对的。四匹马拉的车子，也追不回已经说出口的话。本质和文采是同样重要的。让我拿皮革来举例解释吧！虎豹的皮和犬羊的皮，它们的区别，既在本质，也在文采。如果把这两类兽皮，拔去上面有文采的毛，那虎豹皮看来就像犬羊皮了。"

子贡认为，说话要深思熟虑，因为话说出口，就不能再收回。后人就用"一言既出，驷马难追"来表示说话算数，不能反悔。

「名师点拨」子贡的回答非常巧妙，君子固然需要有好的本质，但同时不能失去文采。虎皮与羊皮的区别，固然在本质，也在表面流光溢彩的文采。

智慧解读

在讲究谨言慎行、严于律己的儒家，子贡认为人要对自己的言语负责。因为说出去的话如同泼出去的水，一旦出口再难收回。

「专家解疑」谨言慎行：说话做事都谨慎小心。

原文

少壮不努力，老大徒悲伤。
人有善愿，天必佑之。
莫饮卯时①酒，昏昏醉到酉。
莫骂酉时②妻，一夜受孤凄。
种麻得麻，种豆得豆。
天网恢恢，疏而不漏。
见官莫向前，做客莫在后。

「千古名句」天网恢恢，疏而不漏。

注释

①卯时：早晨五点至七点。
②酉时：下午五点至七点。

译文

年少时候不努力学习上进，等到年纪大了就只有枉自悲伤了。

人有善良的愿望，老天都会保佑的。

不要一早就酗酒，昏昏沉沉地直到晚上。

不要晚上骂妻子，这样一夜都会无人照料你。

下什么功夫得什么结果。

天道广大，但决不会漏掉什么东西；法度无边，不会放掉一个坏人。

觐见官员的时候，不要争风头，要低调，以防有意外；在当客人的时候，千万不能矜持客气，否则就没了好处，要吃亏。

「哲理名言」
下什么功夫得什么结果。

「专家解疑」
觐（jìn）见：朝见（君主）。

故事延伸

天网恢恢

1883年，美国得克萨斯州的一个骗子格林·迪克林特抛弃了一位被他玩弄过的姑娘。那姑娘痛苦不堪，含悲自杀身亡。她弟弟决心为姐姐报仇雪恨。

当他举枪向格林射击时，子弹只擦伤了仇人脸上一层皮，就射入一棵大树干中，格林吓得应声倒地。他十分庆幸自己“恶有善报”，大难不死。

三十年后，1913年格林想锯掉那棵常常令他恐惧的大树。然而那粗大的树很难锯倒，他气急败坏地决定用炸药把树炸掉。当爆炸声响时，那颗子弹突然从树中飞出，正击中格林的头部，格林得到了应有的报应。

「名师点拨」
天网恢恢，疏而不漏，感情骗子最终得到了应有的下场。这世界上“善恶到头终有报，只争来早与来迟”。

智慧解读

天网恢恢，疏而不漏。恶人们可以逍遥一时，却不可能逃脱一世。善恶到头终有报，只争来早与来迟。

原文

宁添一斗，莫添一口。

蝗螂捕蝉，岂知黄雀在后。

不求金玉重重贵，但愿儿孙个个贤。

一日夫妻，百世姻缘[1]。

百世修来同船渡，千世修来共枕眠。

杀人一万，自损三千。

伤人一语，利如刀割。

「千古名句」
螳螂捕蝉，岂知黄雀在后。

「千古名句」
百世修来同船渡，千世修来共枕眠。

注释

①姻缘：婚姻的缘分。

译文

宁可为家里多添一斗粮，也不要再增加一口人。

当你在前面干某种事情的时候，哪知后面早有人在盯着你。

不求金银财宝越多越好，但愿子孙个个都有出息。

做一天夫妻，也要百世修来的姻缘。

百世修来的缘分才能同船渡水，千世修来的缘分才能同床共枕。

伤害别人的同时，自己也会受到损失的。

一句伤人的话，就好像用刀刺人一样。

「专家解疑」
出息：①指发展前途或志气。②长进；出落。③培养使有出息。④收益。

故事延伸

螳螂捕蝉，黄雀在后

吴王准备出兵攻打楚国，遭到了一些大臣的反对。大臣们认为，攻打楚国虽然取胜的希望很大，但如果其他诸侯国乘虚而入，后果将不堪设想。可是吴王固执地说：“谁敢来劝阻我，我就处死他！”

有一位侍奉吴王的少年，听了大臣们的议论，想去劝说吴王。可是吴王已经下了死命令，怎么办呢？

第二天清晨，他拿着一只弹弓，在王宫花园里转来转去。露水沾湿了他的衣裳和鞋子，他也毫不介意。就这样，一连转了三个早晨。

少年终于被吴王发现了，吴王问道：“你早晨跑到花园里来干什么？看你的衣裳都被露水打湿了！”

少年回答说：“禀报大王，我在打鸟。”

吴王问：“你打着鸟了吗？”

少年说：“我没有打着鸟，却见到一件挺有意思的事。”

吴王来了兴趣，问：“什么事啊？”

少年说：“花园里有一棵树，树上有一只蝉。蝉高高在上，悠闲地叫着，自由自在地喝着露水，却不知道有只螳螂在它的身后。那螳螂弓着身子，举起前爪，要去捕蝉，却不知道有只黄雀在它的身后。”

吴王夸奖说：“你看得真仔细！那黄雀要捉螳螂吗？”

少年接着说：“是的，黄雀伸长脖子正要啄食螳螂，却不知道我拿弹弓在瞄准它呢。蝉、螳螂、黄雀，它们都一心想得到眼前的利益，却没顾到自己身后正隐伏着祸患呢！”

听了少年这番话，吴王恍然大悟，连声说：“对！对！你讲得太有道理了！”于是打消了攻打楚国的念头。

「专家解疑」

不堪设想：事情的结果不能想象，指会发展到很坏或很危险的地步。

禀报：向上级或长辈报告。

「哲理名言」

黄雀伸长脖子正要啄食螳螂，却不知道我拿弹弓在瞄准它呢。蝉、螳螂、黄雀，它们都一心想得到眼前的利益，却没顾到自己身后正隐伏着祸患呢！

智慧解读

螳螂捕蝉黄雀在后，这本来是非常浅显道理。但是世人往往为眼前利益所惑，常看不到身后隐伏的危险。

原文

枯木逢春犹再发，人无两度再少年。

未晚先投宿，鸡鸣早看天。

将相胸前堪走马，公候肚里好撑船[1]。

富人思来年，穷人思眼前。

世上若要人情好，赊去物件莫取钱。

死生有命，富贵在天。

「千古名句」

未晚先投宿，鸡鸣早看天。

注释

① "将相"二句：形容一个人宽宏大量。

译文

枯木到了春天会重新发芽的，但人却不会有两次少年时光。

旅行时，天还没黑，就要先投宿，鸡鸣时就起来看看天亮了没有。

将相心胸开阔得能跑马，公侯的肚里宽阔得能撑船。

富裕的人考虑得长远，贫穷的人常考虑眼前。

如果你要想得到好的缘分和人缘，把东西给别人而不要钱。

人的命都是命里注定的，富贵是上天安排的。

「哲理名言」

枯木到了春天会重新发芽的，但人却不会有两次少年时光。

「专家解疑」

注定：（某种客观规律或所谓命运）预先决定。

故事延伸

宰相肚里能撑船

宋朝宰相王安石中年丧妻，后来续娶了一个年方十八的小妾，名叫姣娘。

姣娘出身名门，琴棋书画无所不精。由于王安石身为宰相，整天忙于朝中之事，经常不回家。姣娘正值妙龄，独居空房，便跟府里的年轻仆人私下偷情。

这事传到了王安石那儿，入夜，他潜入卧室外窃听，果然听见姣娘与仆人床上调情。他气得火冒三丈，但“忍”让他冷静下来，转念一想，自己是堂堂当朝宰相，为一女如此动怒实在有失体统。他把这口气咽了回去，转身走了。不料，没留神撞上了院中的大树，一抬头，见树上有个老鸹窝。他灵机一动，随手抄起一根竹竿，捅了老鸹窝几下，老鸹惊叫而飞，屋里的仆人闻声慌忙跳后窗而逃。事后，王安石装作若无其事。

一晃儿到了中秋节，王安石邀姣娘花前赏月。酒过三巡，王安石即席吟诗一首：“日出东来还转东，乌鸦不叫竹竿捅。鲜花搂着棉蚕睡，撇下干姜门外听。”（清李宝嘉《官场现形记》第二十七回）

姣娘是个才女，不用细讲，已品出这首诗的寓意，知道自己跟仆人偷情的事被老爷知道了，想到这儿她顿感无地自容。可她灵机一动，跪在王安石面前，也吟了一首诗：“日出东来转正南，你说这话够一年。大人莫见小人怪，宰相肚里能撑船。”（清李宝嘉《官场现形记》第二十七回）

王安石细细一想，自己年已花甲，姣娘正值豆蔻年华，偷情之事不能全怪她，还是来个两全其美吧。过了中秋节，王安石赠给姣娘白银千两，让她跟那个仆人成亲，一起生活，远走他乡。

这事传出去后，人们对王安石“忍”字当头的宽宏大量深感敬佩。“宰相肚里能撑船”这句话也就成了宽宏大量的代名词。

「专家解疑」

火冒三丈：形容怒气特别大。

若无其事：好像没有那么回事似的，形容不动声色或漠不关心。

「哲理名言」

宰相肚里能撑船。

「名师点拨」

娇娘不愧是个才女，一句话平息了王安石的怒火，也为自己争取到了美满的姻缘。王安石也不愧为一朝首辅，不仅宽宏大量，而且肯替娇娘着想。故事非常圆满，读来令人感动。

智慧解读

王安石在这件事上的处理令人称道，作为当朝宰相，与其家丑外扬让天下人看笑话，不如做个人情。既成就了爱妾终身幸福，也以过人的肚量赢得天下人的钦佩。

原文

击石原有火，不击乃无烟。
为学[1]始知道，不学亦徒然。
莫笑他人老，终须还到老。
但能依本分，终须无烦恼。
君子爱财，取之有道。
贞妇爱色，纳之以礼。
善有善报，恶有恶报。
不是不报，日子未到。

「千古名句」

君子爱财，取之有道。

注释

①为学：做学问，求学。

译文

石头碰击后就会冒出火星来，不去碰击的话，它连烟都不会冒。

人学习才会明白事理，不学习什么也不知道。

不要笑话别人老，自己总有一天也会老的。

只要能本分做人，一生都不会烦恼。

君子喜欢财富，但要来得正当。

对于出色的守贞节的妇女，要引导进入礼教的规范。

干好事有好的结果，干坏事有坏的报应。

不会没有报应的结果，只是时间早迟的问题。

「专家解疑」

贞节：①坚贞的节操。②封建礼教所提倡的女子不失身、不改嫁的道德。

故事延伸

窦燕山还银

窦燕山出身富裕的家庭，是当地有名的富户。据说窦燕山为人不好，以势压贫，有贫苦人家借他家粮食时，他是小斗出、大斗进，小秤出、大秤进，明瞒暗骗，昧心行事。由于他做事缺德，所以到了30岁，还没有子女。窦燕山也为此着急，一天晚上做梦，他死去的父亲对他说："你心术不好，品德不端，恶名传至天曹，如不痛改前非，重新做人，不仅一辈子没有儿子，也会短命。你要赶快改过从善，大积阴德，只有这样，才能挽回天意，改过呈祥。"

「专家解疑」痛改前非：彻底改变以前所犯的错误。

从此，窦燕山暗下决心，痛改前非，缺德的事再也不做了。一天，他在客店中捡到一袋银子。为找到失主，他在客店里整整等了一天。失主回到客店寻找，他原封不动地将一袋银子归还给失主。窦燕山还在家里办起了私塾，请名师教课。有的人家，因为没有钱送孩子到私塾读书，他就主动把孩子接来，免收学费。总之，自那以后，窦燕山就像是换了一个人似的，周济贫寒，克己利人，广行方便，广积善缘，广泛受到人们的称赞。

后来他的妻子连续生下了五个儿子。他把全部精力用在培养教育儿子身上，不仅时刻注意他们的身体，还注重他们的学习和品德修养。在他的培养教育下，五个儿子都成为有用之才，先后登科及第：长子中进士，授翰林学士，曾任礼部尚书；次子中进士，授翰林学士，曾任礼部侍郎；三子中进士，官至起居郎；四子中进士，授翰林学士，曾任谏议大夫；五子曾任起居郎。当时人们称之为窦氏五龙。

「名师点拨」《三字经》中说"窦燕山，有义方。教五子，名俱扬"，讲的就是窦燕山教子以义方，五子登科的故事。窦燕山及时悬崖勒马，广积善缘，才有后来的五子登科。

智慧解读

窦燕山五子登科的故事是封建科举的佳话，这跟窦燕山年轻时候能够幡然悔悟、痛改前非，壮年后又严格要求儿子成才、教子以义方分不开。教育问题维系国脉，也是一个家庭兴旺发展之根本。

原文

人而无信[1]，不知其可也。
一人道好，千人传实。
凡事要好，须问三老[2]。
若争小可，便失大道。
年年防饥，夜夜防盗。
学者如禾如稻，不学者如蒿如草。
遇饮酒时须饮酒，得高歌处且高歌。
因风吹火，用力不多。

「千古名句」
人而无信，不知其可也。

「千古名句」
学者如禾如稻，不学者如蒿如草。

注释

①信：诚实，不欺骗。
②三老：指古代教化的乡官。

译文

一个人要是不讲信用的话，就不知道该拿他怎么办了。

一个人说好，千人相传就成真的了。

凡事要办好，必须向有学问、有道德的人请教。

在一些小事情上争争夺夺，便会失去大的理智。

每年都要防饥荒，每天夜里都要防备有盗贼。

「专家解疑」
防备：做好准备以应付攻击或避免受害。

学习的人像禾苗庄稼一样十分有用，不学习的人像蒿草一样只做柴烧。

只要有机会喝酒就喝，只要有玩的地方就玩，能够高歌的时

候就高歌，指及时行乐。

「哲理名言」凭借风力吹火，有点力气就行。

凭借风力吹火，有点儿力气就行。

故事延伸

沈括不辱使命

1074年，宋与辽发生边境事端。双方派代表在代州边界谈判。但由于辽方一再设置障碍，致使谈判不欢而散。第二年，辽方派使臣肖禧到宋京，声称："不解决问题，誓不返辽。"宋方官员经常与肖禧通宵达旦谈判，因辽方无理纠缠，谈判毫无进展。

「专家解疑」通宵达旦：整夜，从天黑到天亮。

照会：一国政府把自己对于彼此有关的某一事件的意见通知另一国政府。

神宗忧心忡忡，他既不想与辽军交战，又不愿割让领土求和，最后决定派遣沈括赴辽谈判。

沈括早年对宋、辽边界作过仔细研究，这次接到出使辽国的使命后，又查阅了档案、典籍，并向有关官员进行了解，弄清辽方两次所提界至前后不一：第一次所提界至与第二次所提有争议的黄嵬山，相差30里。他连夜草奏，上呈神宗。神宗看了奏章，向群臣说："以往主持谈判的大臣不究本末，贻误国事。沈括精细如是，朕无忧矣。"神宗按沈括提供的资料，亲自绘制了一张地图。

第二天，沈括携带地图到馆舍拜会辽使肖禧。沈括说："下官受皇上的委托，奉陪阁下，贵国有何要求，请向我提出。"肖禧以十分傲慢的口气说："宋朝违背条约，侵犯我大辽边界。我们早有照会，要求重定边界。大辽皇帝派我来东京，此事不解决，我无法回朝复命。"

沈括面带微笑道："本人对边界情况略知一二。贵国在照会中所提有争议地界，较原协议向前推进30里。不知阁下这次来东京，是为解决边界争议，还是索取领土？"

肖禧毫无思想准备，故作镇静道："大辽只要求按原协议重定边界，对宋朝绝无领土要求。"

「智慧引路」毫无思想准备却还能镇静地回答问题。我们应该向肖禧学习他这种沉着冷静的处事态度。

沈括从袖中取出地图，说："阁下声称并无领土要求，实属辽国大度。此图乃御笔绘制，请阁下过目。”

肖禧察看地图，只见山川河流无不详细，一时无言答对，只好委婉地说：“既然如此，我只好及早回国向大辽皇帝报告。”肖禧走后，大家沉浸在喜悦之中。沈括却非常忧虑，他知道辽使虽然离去，边界争议并未解决。目前辽国大军压境，如不急速赴辽，面见辽帝，将此事圆满解决，辽方随时都可能挥师南下。他遂将自己的想法面呈神宗，神宗深表赞同，并派沈括出使辽国。

谈判会场设在一个宽敞的帐篷内。辽方代表宰相杨益戒，是辽国手握实权的人物。他开门见山地说：“辽、宋地界需要重新划定，我们大辽多次派使臣赴宋，久未见答复。此次贵使前来，希望及早商定，免得又动干戈！”

沈括从容答道：“宋、辽地界早有定义，但是贵国所提黄嵬山为分水岭问题，文书上并没有记载，敝国不敢从命。我携带文书在此，请阁下过目。”随从人员将两国签订的文书，摆到谈判桌上，文书中明文记载：“黄嵬山以大山脚下为界。”

杨益戒无言以对，最后用威胁的口吻说：“贵国数十里之地不忍割让，难道要断绝两国友好关系吗？”沈括答道：“今北朝弃先君之大信，以威用其民，非我朝之不利也。”（《宋史·沈括传》）杨益戒见沈括态度强硬，言辞锋利，只好宣布休会。

在第二次谈判中，杨益戒见逼索土地不成，便放弃黄嵬山地界之事，又提出天池子之归属问题。天池子属于宋国的领地，这在宋、辽签订的协议中早已确定，但协定允许一部分辽民在天池子牧马。

沈括说：“天池子乃宋国疆土，岂能更改！”

杨益戒说：“辽民在此牧马，极易引起冲突，有损两国关系，请阁下三思。”

“天池子归属乃先皇所定，本朝无权更改。至于武装冲突，本朝容忍是有限的，也请贵国三思。”

双方共进行了六次会议，沈括有问必答，言辞犀利。杨益戒未料到宋朝竟有这样杰出的使臣，又听说宋朝正在边界集结军队作应战的准备，只好放弃逼索土地的要求，维持原协议所确定的边界，

「专家解疑」

开门见山：比喻说话写文章直截了当。

过目：看一遍（多用来表示审核）。

「智慧引路」

沈括最终凭借自己的智慧，赢了谈判，为国家争得了荣誉。小朋友们，我们也要学习他在谈判时的精神，审时度势，为自己赢得胜利。

草草结束谈判。

沈括胜利完成赴辽使命，返回汴梁。神宗为嘉奖沈括的功绩，任命他为翰林学士。

在这场宋辽边界谈判中，由于宋朝代表沈括知识渊博，办事认真，对两国边界情形了如指掌，因此，他轻而易举便制服了来宋无理取闹的辽方代表。其后，他赴辽与辽宰相谈判时，又引经据典、如数家珍，使杨宰相无言以对。杨宰相见来文的不行，遂以武力相威胁，但沈括态度强硬，据理力争。在此后的谈判中，由于沈括胸有成竹，因而在谈判中对答如流，使对方无空子可钻。此外，由于宋朝加强了边防，辽只好放弃逼索土地的无理要求。

「名师点拨」
“人而无信，不知其可也”，杨益戒很快便在沈括面前败下阵来，因为他骄横傲人而不讲信义。沈括外交的胜利，除了依靠沈括本人杰出的外交手腕外，也跟当时讲究“人无信不立”的大环境有关。

智慧解读

弱国无外交，积贫积弱的宋朝在咄咄逼人的辽国面前，曾经面临极其严峻的外交形势。直到沈括出使，才维护了国家权益，粉碎辽国分割国土的企图。沈括一开始就站在“人无信不立”的道德制高点上，最终凭借高超的外交手腕和宋朝自身的边防兵力集结取得了胜利。

原文

不因渔父引，怎得见波涛。

无求到处人情好，不饮从他酒价高。

知事少时烦恼少，识人多处是非多。

入山不怕伤人虎，只怕人情两面刀。

强中更有强中手，恶人须用恶人磨。

会使不在家豪富，风流不用着衣多。

光阴似箭[①]，日月如梭[②]。

天时不如地利，地利不如人和。

「千古名句」

知事少时烦恼少，识人多处是非多。

「千古名句」

天时不如地利，地利不如人和。

注释

①光阴似箭：时间如箭，迅速流逝。形容时间过得极快。光阴，时间。

②日月如梭：太阳和月亮像穿梭一样地来去。形容时间过得很快。梭，织布时牵引纬线的工具。

译文

没有会水的渔翁的指引，怎么能见到波涛汹涌的江河？

不到处求人的人，人缘就好；如果你不喝酒，也就不用担心酒价有多高。

知道的事情少，烦恼自然也会少；认识的人多，招来的是非也会多。

上山不怕伤人的虎，只怕人与人之间两面三刀。

强人之外还有强人，坏人自会有更坏的人来对付他。

不一定要腰缠万贯，懂得经营、理财的人即使花二百块钱，也能打造出别人花两千甚至更多也营造不出的效果；天生风流的人不管穿什么衣服照样艳压四座。

「专家解疑」

两面三刀：指耍两面手法。

腰缠万贯：腰里缠着万贯铜钱，形容人极富有。

光阴快得像射出的箭，日月走得像织布机上的梭子。

时机好不如地域好，地域好不如人团结。

「哲理名言」

时机好不如地域好，地域好不如人团结。

薛谭学讴

战国时期，秦国有一个叫薛谭的歌者，为提高唱歌本领，投在秦国歌唱家秦青的门下学习。

薛谭还没有学尽秦青的技艺，就盲目自认已经全部学到，踌躇满志地要去独闯江湖，于是向秦青提出要求结束学习，要告别老师回自己家去。面对自满的学生，秦青没有批评，没有制止，不仅同意了薛谭的请求，还郑重举办了结业仪式，秦青亲自出城送别，又在郊外的大道设宴为薛谭饯行。

「专家解疑」

踌躇满志：形容对自己的现状或取得的成就非常得意。

饯行：设酒食送行。

眼看薛谭就要离去，不知何日能再聚，想起薛谭学艺以来的岁月里，师生进行传承艺术，相互融洽相互尊重，秦青胸中泛出不舍，难以自禁。秦青取出随身携带着的叫“节”的打击乐器，拍拍打打地敲了起来，又紧随这敲打出来的节奏，纵情地引吭高歌，把自己对离别的伤感倾泻在歌声里。

但见，秦青激昂的歌声，把大道附近树林里的大树震荡得枝摇叶晃；秦青高亢的歌声，直插九霄云天，正在天空飘行的白云遭受强大有力的歌声阻挡，只得被迫停止了游动。

薛谭第一次亲身目睹了自己的老师歌唱本领如此高强，技艺如此绝伦，发自肺腑地钦敬。薛谭幡然醒悟，明白自己肤浅的学识与老师已经登临的艺术高境差距之遥犹如地对天。薛谭当即向老师认错，恳求老师准允他重返师门继续学习。

秦青谅恕了薛谭，师生皆是欢喜。从此以后，薛谭安心学艺，再没说过自己要毕业回家的话。

「智慧引路」

小朋友们，学海无涯，面对学业我们千万不能骄傲自满，而是应该更加谦卑。要知道，强中更有强中手，只有不断向别人学习，才能真正进步。

智慧解读

师父领进门修行在个人，跟随师父学艺的经历是非常珍贵的。学海无涯，能有一位肯将毕生所学倾囊相授的师父教导是何等幸运。薛谭最终在师父穿云裂石的歌声中幡然醒悟，从此追随师父，永不再提毕业之事。

「专家解疑」
穿云裂石:（声音）穿过云层，震裂石头，形容乐器声或歌声高亢嘹亮。

原文

黄金未为贵，安乐值钱多。
世上万般皆下品，思量[1]唯有读书高。
世间好语书说尽，天下名山僧占多。
为善最乐，为恶难逃。
羊有跪乳之恩，鸦有反哺之义。
你急他未急，人闲心不闲。
隐恶扬善，执其两端。

「千古名句」
羊有跪乳之恩，鸦有反哺之义。

注释

①思量：考虑。

译文

黄金未必就是宝贵的，安静快乐的生活才是最重要的。

世界上一切都是次要的，只有读书最重要、最高尚。

世界上的好话让各种书籍都说尽了，天下多数有名

「哲理名言」
黄金未必就是宝贵的，安静快乐的生活才是最重要的。

的山都让僧侣占去了。

多做好人、多做善事使人快乐，做坏事、有恶行罪责难逃。

幼羊跪着吃奶，小乌鸦会衔食哺母，禽与兽都知报恩，而人更应知父母恩，克尽孝道。

「哲理名言」幼羊跪着吃奶，小乌鸦会衔食哺母，禽与兽都知报恩，而人更应知父母恩，克尽孝道。

你着急他不着急；人没什么事了，心却闲不住。

不讲别人的坏处，多想别人的好处，避免过与不及的状态。

故事延伸

萧统至孝

昭明太子萧统生性仁义、孝顺。他的生母丁贵人

去世后，他好多天“水米没有打牙”，哭昏过去不知多少回。梁武帝没有办法，派散骑常侍顾协对他说：“悲哀不能超过一定的限度，这是圣人定下的规矩；所行的礼节如果不合丧事的规模，罪责和不孝顺一样。如今你父皇我还健在，哪能这么悲痛欲绝呢？”萧统于是勉强吃了些饭。从那时到丁贵人下葬之日，算起来也不过喝了一升米粥。他本来身体十分强壮，腰有十围（量词，此处指两手拇指、食指相合的长度为一围）那么宽，丧事完毕后差不多瘦了一半。每次入朝时，都把大家感动得潸然泪下。

「专家解疑」

健在：健康地活着（多指上年纪的人）。

「名师点拨」

昭明太子萧统为人至孝，为母丧哀毁过甚。为人子固然要讲究孝道，但是哀痛伤身，也是不孝。况且古人讲究事死如事生，生前尽孝，身后不必过分悲伤，免伤健在的亲友之心。

智慧解读

死生亦大矣。先人活着的时候，晚辈要尽孝心；先人过世的时候，晚辈不必太伤心。人固然要慎终追远，但人更要活在当下。生者健康安乐，事业蓬勃有序，是对逝者最大的安慰。

原文

妻贤夫祸少，子孝父心宽。

既坠釜甑[1]，反顾无益。

翻覆之水，收之实难。

人生知足何时足，人老偷闲且是闲。

但有绿杨堪系马，处处有路通长安。

见者易，学者难。

莫将容易得，便作等闲看。

「千古名句」

莫将容易得，便作等闲看。

注释

①甑（zèng）：古代炊具。

译文

「哲理名言」
家里有贤妻，丈夫就会少惹祸端；儿子如果孝顺，做父亲的就能把心放宽。

家里有贤妻，丈夫就会少惹祸端；儿子如果孝顺，做父亲的就能把心放宽。

事情到了无法挽回的地步，再回头顾惜就没有用处了。

水已经洒了，怎么可能再收起来呢？

人一辈子也不会知足，老了能挤点时间就挤点时间而清闲一下。

哪里都有拴马的树，条条大路都可以通向长安城。

「哲理名言」
在旁边看人家觉得容易，轮到自己学和做就觉得难了。

在旁边看人家觉得容易，轮到自己学和做就觉得难了。

不要把容易得来的东西，看成平常的事，里面蕴藏着心血与汗水，还有他人和命运的深情厚谊。

故事延伸

覆水难收

商朝末年，有个足智多谋的人物，姓姜名尚，字子牙，人称姜太公。因先祖封于吕，又名吕尚。他辅佐周文王、周武王攻灭商朝，建立周朝，立了大功。后来封在齐，是春秋时齐国的始祖。

姜太公曾在商朝当过官，因为不满纣王的残暴统治，弃官而走，隐居在陕西渭水河边一个比较偏僻的地方。为了取得周族的领袖姬昌（即周文王）的重用，他经常在小河边用不挂鱼饵的直钩，装模作样地钓鱼。姜太公整天钓鱼，家里的生计发生了问题，他的妻子马氏嫌他穷，没有出息，不愿再和他共同生活，要离开他。姜太公一再劝说她别这样做，并说有朝一日他定会得到富贵。但马氏认为他在说空话骗她，无论如何也不相信。姜太公无可奈何，只好让她离去。

「专家解疑」
装模作样：故意做作，装出某种样子给人看。

后来，姜太公终于取得周文王的信任和重用，又帮助周武王联合各诸侯攻灭商朝，建立西周王朝。马氏见他既富贵又有地位，懊悔当初离开了他，便找到姜太公请求与他恢复夫妻关系。

姜太公已看透了马氏的为人，不想和她恢复夫妻关系，便把一壶水倒在地上，叫马氏把水收起来。马氏赶紧趴在地上去取水，但只能收到一些泥浆。于是姜太公冷冷地对她说："你已离我而去，就不能再合在一块儿。这好比倒在地上的水，难以再收回来了！"

「名师点拨」
这是一出西周版的《马前泼水》，事不可做尽，话不能说绝。当日嫌贫爱富，后来想要重新攀附，只能被人看低。一旦恩义两绝，再想恢复从前的关系，就只能是覆水难收了。

智慧解读

姜太公和马氏这样的人，当前社会都不少见。贫贱夫妻百事哀，为了一己之私抛弃糟糠，然后在爱人飞黄腾达的时候又想去攀附，结局只能是覆水难收。

原文

用心计较般般错，退步思量事事难。
道路各别，养家一般。
从俭入奢[①]易，从奢入俭难。
知音说与知音听，不是知音莫与弹。
点石化为金，人心犹未足。
信了肚，卖了屋。

「千古名句」
从俭入奢易，从奢入俭难。

注释

①奢：用钱没有节制，过分享受。

译文

只要用心想一想，世界上的事情错综复杂，而我们所做的每一件事，其实都有进一步拓展发挥的余地。而我们所做的事，也

「专家解疑」
余地：指言语或行动中留下的可回旋的地步。

「专家解疑」

尽善尽美：非常完美，没有缺陷。

无济于事：对于事情没有什么帮助；对于解决问题没有什么作用。

很难尽善尽美；退一步思考，世上千百件事，无一件不难。需要我们小心应付，谨慎思考。

走的道路也许各有不同，但持家的方法都是一样的。

从勤俭到奢侈、享受很容易，但要从享受再到艰苦磨砺中去，就很难适应了。

彼此了解的人容易交流，也容易达成共识，最终成为朋友；但对不了解的人来说，话不投机，空谈无用。

把石头都变成金子，但有的人尚不满足。

随着肚子，就算把房子卖了也无济于事。

故事延伸

点石成金

从前，有一个神仙，会各种各样的法术。有一天，神仙下凡来到人间，想找个不贪心的人，帮助他也成为神仙。他怕找错了人，于是想出一个办法来考验世上的凡人。

神仙会一种法术，只要手指一点石头，石头就变成了黄金。他每遇到一个人，就把石头点成的金子送给他，想看看有没有不贪图金钱的人。但是让他失望的是，不管他走到哪里，碰到什么样的人，人们都会很高兴地拿走金子。

后来，神仙又遇到了一个人，他想再试试，于是神仙点中了一块石头说："我是神仙，这块石头点成的金子送给你吧。"那人摇摇头没有说话。神仙心想："看来这个人不贪心，正是我要找的人。"谁知那个人伸出手指对神仙说："神仙大人，我什么也不要，就只要你刚才点石成金的那根手指头。您就施个仙法，把那根手指头换到我手上，到时我就有数不清的金子用了。"神仙听完，叹了口气，心想："这人的贪心更大了。"于是不再理他，转身离去了。

「专家解疑」

点石成金：神话故事中说仙人用手指一点使石头变成金子，比喻把不好的或平凡的事物改变成很好的事物。

「名师点拨」

人心不足蛇吞象，点石成金还不满足，一定要那根点石成金的手指头。真是得到金手指，是不是还要保留这金手指的权利？人心不足，真是可悲可笑。

智慧解读

点石化成金，人心犹未足。人心不足，只贪图眼前一点蝇头小利，看不到长远，真是可悲。

原文

「千古名句」
他人观花，不涉你目。
他人碌碌，不涉你足。

他人观花，不涉你目。
他人碌碌，不涉你足。
谁人不爱子孙贤，谁人不爱千钟粟①。
莫把真心空计较，五行不是这题目。

注释

①千钟粟：五谷丰登，良田千顷，粮食满仓，在这里特指官员的俸禄，形容高官厚禄。千，形容数量很多。钟，中国古代计量单位。粟，一年生草本植物，子实为圆形或椭圆小粒。北方通称“谷子”，去皮后称“小米”，在这里泛指五谷。

译文

「哲理名言」
哪个不喜欢儿孙孝顺，谁不喜爱家藏万担。

花花世界，就像没有看见；忙忙碌碌，也与你无关。

哪个不喜欢儿孙孝顺，谁不喜爱家藏万担。

不要用尽心力去白白谋划这些，必须知道你的五行里根本没有这样的运气。

故事延伸

专心致志

从前，有个棋手叫秋，由于棋艺高，别人叫他弈秋。有一次，弈秋收了两个学生，为他们两个同时上课。他一心想把自己的棋艺教给他们，就非常仔细地给他们讲解。

「专家解疑」
一心一意：心思、意念专一。

一个学生听讲非常仔细认真，一心一意地注意弈秋的讲解和分析，对旁的事全都不加理会。

而另一个学生呢，看上去他也坐在那里，实际上却是心不在焉。他一会儿看看窗外的田野和树林，一会儿又听听天上的雁鸣。当他发现有好几只天鹅飞过，便想：“要是能有一张弓，几支箭，射下一只天鹅煮来吃，那该有多好啊！”不一会儿，他又向窗外看了一眼，发现一只天鹅飞过，便起了射天鹅吃的念头。直到弈秋全讲完了，他也没在意。

这时，弈秋叫两个学生对下一局，看看他们究竟学得怎样。起先，那个“开小差”的学生凭着以前的基础还能勉强应付，可渐渐地就显出差距来。那个专心致志的学生攻守从容有序，而老是三心二意的学生只有招架之功，却无还手之力了。

弈秋一见，语重心长地对两个学生说：

“虽然下棋只是一种小小的技艺，算不得什么大本事，但不专心致志地学习，也是学不好的啊！”

「专家解疑」

心不在焉：心思不在这里。指不专心，精神不集中。

三心二意：形容犹豫不决，意志不坚定或用心不专一。

「智慧引路」

小朋友们，我们无论什么事都需要认真对待，三心二意是出不了成绩的。

智慧解读

下棋是一门需要对弈者精神高度集中的智慧体操，如同战场厮杀一般，需要步步为营。而三心二意是这世上一切功业的敌人。这世上成功的秘诀只有一个，那就是：无论做任何事都必须专心致志。

刘文饶容人

刘文饶曾经乘坐牛车外出，正巧有一个人丢了牛，他来到刘文饶的车前指认说这头牛是自己的。刘文饶什么话也没有说，就让那个人牵走了牛，自己下车步行回去。过了一会儿，认牛的人找到了自己的牛，就把刘文饶的牛送了回来，并且道歉说：“您这么宽厚，我真对不住您，随您怎么处置我吧！”刘文饶说：“长得很像的东西，很容易辨认错误。劳您大驾把牛给我送了回来，还有什么好道歉的呢？”州里人都很佩服刘文饶宽宏大量，不和人计较。

「名师点拨」

古人的宽宏大量叫人汗颜，如果世上能够多一些像刘文饶这样的长者，这个世界将会变得更加宽容，更加温馨，也更加美丽。

智慧解读

刘文饶是一位真正的长者，他相信这世上清者自清，从不与人计较长短。他用宽厚为自己赢得了长者之名。

原文

与人不和，劝人养鹅。
与人不睦[①]，劝人架屋。
但行好事，莫问前程。
河狭水急，人急计生。
明知山有虎，莫向虎山行。
路不行不到，事不为不成。

「千古名句」
明知山有虎，莫向虎山行。

注释

①睦：和好，亲近。

译文

与某人关系不睦，那就劝他养鹅吧。
与某人关系不好，就劝他盖房子吧。
只管多行善事，不要问结果。
河道狭窄水流自然急，关键时刻人则会急中生智、想出办法。
知道山上有虎，就不要再去了。
路不走不可能到达目的地，事情不去做就不可能成功。

「专家解疑」
急中生智：在紧急中想出好的应付办法。

「哲理名言」
路不走不可能到达目的地，事情不去做就不可能成功。

故事延伸

鹅全死了

伍兹养了100只鹅。有一天，死了20只。于是，他跑到犹太牧师那里，请教怎样牧鹅。

那位犹太牧师专注地听完伍兹的叙述，问道：

“你是什么时候放牧的？”

“上午。”

“哎呀！纯粹是个不利的时辰！要下午放牧！”

伍兹感谢牧师的劝告，高兴地回了家。3天后，他跑到犹太牧师那里问：

“牧师，我又死了20只鹅。”

“你是在哪里放牧的？”

“小河的右岸。”

“哎呀，错了！要在左岸放牧。”

“非常感谢您对我的帮助，牧师，上帝祝福您。”

过了3天，伍兹再次来到犹太牧师那里。

“牧师，昨天又死了20只鹅。”

“不会吧，我的孩子。你给它们吃了什么？”

“喂了苞谷，苞谷粒。”

犹太牧师坐着深思良久，开始发表见解：

“你做错了，应该把苞谷磨碎喂给鹅吃。”

“万分感谢您，牧师。由于您的劝告，上帝会酬谢您。”

第3天，伍兹有点不快地、但又充满希望地敲着犹太牧师的房门。

“唔，又碰到什么新问题啦？我的孩子。”犹太牧师得意地问道。

“昨晚又死了20只鹅。”

“没关系，只要充满信心，常到我这儿来。告诉我，你的鹅在哪里饮水？”

“当然是在那条小河里。”

「专家解疑」

专注：专心注意。

苞谷：玉米。

「智慧引路」

犹太牧师是上帝使者，积极为伍兹出谋划策。可是隔行如隔山，他的教诲只能让伍兹损失更大。小朋友们，我们遇事的时候，要去寻找真正懂行的人，而不是病急乱投医。

“真是大错特错，错上加错！不能让它们饮河水，要给它们喝井水，这样才有效。”

“谢谢，牧师。您的智慧总是拯救您的信徒。”

伍兹通过开着的门进来时，犹太牧师正埋头读着一部厚厚的古旧的书。

“向您问好，牧师。”伍兹带着极大的尊敬说道。

“上帝把你召到我这儿。看，甚至现在我都在替你的鹅操心。”

“又死了20只鹅，牧师。现在我已经没有鹅了。”

犹太牧师长时间地沉默不语。深思许久后，他叹息道：“我还有几句忠告没对你说，多可惜啊！”

「专家解疑」

拯救：救。

古旧：古老陈旧。

「名师点拨」

应了那句“与人不和，劝人养鹅”的话，在智慧的犹太牧师的循循善诱之下，伍兹养死了全部的鹅。如果牧师再多几句忠告，伍兹的损失会更大。这位牧师堪称“鹅类杀手”，但愿他的上帝原谅他。

智慧解读

隔行如隔山，牧师的教诲让伍兹养死了所有的鹅。牧师虽然是一片好心指导伍兹，但是上帝的信徒毕竟不是禽类专家。伍兹的错误就在于他求教于外行，后果只能由自己承担。

原文

人不劝不善，钟不打不鸣。

无钱方断酒，临老始看经。

点塔七层，不如暗处一灯。

万事劝人休瞒昧[1]，举头三尺有神明。

但存方寸土，留与子孙耕。

灭却心头火，剔起佛前灯。

「千古名句」

万事劝人休瞒昧，举头三尺有神明。

注释

①瞒昧：隐瞒、欺骗。

译文

不劝人向善，人是不会向善的；不敲打钟，钟就不会响。

到没钱时才戒酒，到年纪老了才知学习，时间已经太晚了。

做再多锦上添花之事，也不如做一件雪中送炭的事让人感念。

许多事情告诉人们不要背着人做昧良心的事，天上的神灵对这一切都是一清二楚的。

给子孙后代留下一些可耕之地，也留下一颗善良的心，传给后代，教育子孙。

要熄灭心头的怒火，多多行善，做好事。

「专家解疑」
锦上添花：比喻使美好的事物更加美好。

「哲理名言」
要熄灭心头的怒火，多多行善，做好事。

故事延伸

与人为善

王旦（957~1017），北宋名相，字子明，大名莘县（今属山东）人。王旦自幼好学，太平兴国五年（980）进士。王旦为相十余年，知人善任，任人唯贤，朝中大部分官员都是他推荐、提拔的，但从未推荐自己的亲属做官。

寇準与王旦同朝为官，王旦为宰相主管中书省，寇準为副相主持枢密院。两人性格相左，一个柔和，一个刚直，所以常有摩擦。

一日，中书省有文件送枢密院，不合诏书格式，寇準便把这件事报告了真宗，王旦受到了责备，中书省的官吏也受到了处分。没出一月，枢密院有文件送中书省，也违反了诏书格式，中书省的官吏很高兴地呈送王旦，认为报复的机会来了。王旦却叫人送还枢密院。寇準十分惭愧，拜见王旦说："您真是有天大的度量啊。"*王旦与人为善，宽容对待同僚间的摩擦，不仅消除了彼此隔阂，确保了政坛稳定，而且以自己的高尚情操，"善"出了政绩卓著的一代名相——寇準。*

「智慧引路」
冤冤相报何时了，只有消除隔阂确保稳定，才能长治久安。小朋友们，我们要学习王旦与人为善的精神，要知道，这世上最可贵的，便是一颗慈悲的心。

智慧解读

王旦作为宰相，不但知人善任，而且大度谦和。他的与人为善，于国确保政坛稳定，托出一代名相寇準；于私让其消除同僚之间隔阂，赢得生前身后名。

「千古名句」众星朗朗，不如孤月独明。

「千古名句」牡丹花好空入目，枣花虽小结实成。

原文

惺惺常不足，懵懵作公卿。
众星朗朗[1]，不如孤月独明。
兄弟相害，不如友生。
合理可作，小利莫争。
牡丹花好空入目，枣花虽小结实成。

注释

①朗朗：形容明亮。

译文

聪明人常常能发现自身的不足之处；糊涂的人就会目空一切，以为自己可以作公卿。

再多的星星，也不如一个月亮明亮，给人以鹤立鸡群的感觉。

「专家解疑」鹤立鸡群：比喻一个人的才能或仪表在一群人里头显得很突出。

兄弟之间相互危害，还不如一个朋友。

只要符合礼义的事就去做，不要只顾争小利而害大局。

牡丹花再好也只不过是让人观赏罢了，枣花虽看不起眼却能结出实实在在的果实。

故事延伸

七步诗

曹植(192~232)，三国时魏国诗人。沛国谯(今安徽省亳州市)人，字子建，他是曹操与武宣卞皇后所生第三子。曹丕和曹植本是亲兄弟，曹植少年时就很聪明，能出口成章，下笔千言。曹丕当了皇帝以后，怕曹植威胁自己的地位，想迫害曹植，有一次让曹植在七步之内作成一首诗，否则就把他处死。曹植应声而起，没走到七步就作好了这首诗：煮豆持作羹，漉菽以为汁。萁在釜下燃，豆在釜中泣。本是同根生，相煎何太急！（曹植《七步诗》）

曹植把自己比喻成锅里的豆子，把曹丕比喻成锅下面的豆秆。豆子和豆秆本来是生长在同一根上，现在豆秆却在锅下面燃烧，煎熬锅里的豆子，而锅里的豆子无力反抗。曹植用这个比喻，暗指曹丕我与你是亲生兄弟，应该是骨肉情深，但现在却是骨肉相残，表达了内心的悲愤。这首诗比喻贴切，用语巧妙，通俗易懂而又含义深长。曹丕听后，一方面也有感触，另一方面受母亲劝阻，便打消了杀曹植的念头。

「专家解疑」

出口成章：话说出来就是一篇文章，形容文思敏捷或擅长辞令。

骨肉：①指父母兄弟子女等亲人。②比喻紧密相连，不可分割的关系。

「哲理名言」

本是同根生，相煎何太急！

智慧解读

曹魏王朝的勃兴速亡，除了司马氏家族崛起的外因之外，很大原因便是曹魏皇室兄弟之间不能相容。如果曹丕父子能够打消对曹植的猜忌委以重任，曹魏后期不会出现朝堂空虚，以至于让司马家族趁机坐大的事情发生。

智者的智慧

从前有一个拥有万贯家财的大富翁，知道自己得了不治之症，所剩的日子也不多了，打算把遗产交代给自己的独生子。

此时独生子正好到外地去做生意，短时间内无法回来，而大富翁又担心自己的遗产被仆人侵占，于是就立好遗嘱以防万一。

「专家解疑」

恶化：①向坏的方面变。②使变坏。

篡改：用作伪的手段改动或曲解（经典、理论、政策等）。

富翁：“仆人哪，儿子归期未定，但我的身子一天一天恶化，如果有一天，我撑不下去，闭上眼了，但是儿子还没回来，你就把这份东西交给公子。”

仆人：“这是什么呀？”

富翁：“你别问，只要交给他就行了。”

果然，等不及独生子返乡，大富翁就撒手人寰了，仆人于是把遗嘱转交给独生子。

而仆人早在富翁交遗嘱给他时，见机不可失，就擅自将遗嘱篡改得对自己有利。

等到独生子回来一看，上面竟然写着：“我所有的财产之中，可以由独生子任选其中的一项，其余的则全部送给多年服侍我、陪在我身边的仆人。”

仆人心想自己就要成为大富翁了，得意地问独生子：“这么多的财产，你就好好地挑一样吧，我不会吝啬的！”

独生子想一想之后说：“我决定了。”

仆人：“你尽管说吧！”

独生子大声地说：“我选的就是你！”

这个聪明的独生子立刻化险为夷，轻而易举就从仆人的手中把自己父亲的所有财产全都要回来了。

「名师点拨」

这位富翁的独生子真是聪明，善于抓主要矛盾，一下子就扭转乾坤，让仆人的“如意算盘”落了空。仆人搬石头砸了自己的脚，徒惹人笑。

智慧解读

仆人处心积虑地篡改了遗嘱，却没有想到他自己也是遗嘱中富翁财产的一部分。富翁的独生子只是略施小计，便轻而易举地挫败了仆人的阴谋。

原文

欺老莫欺小，欺人心不明。
随分耕锄收地利，他时饱暖谢苍天。
得忍且忍，得耐且耐。
不忍不耐，小事成大。
相论逞[1]英雄，家计渐渐退。
贤妇令夫贵，恶妇令夫败。

「千古名句」
随分耕锄收地利，他时饱暖谢苍天。

注释

①逞：显示，施展，炫耀，卖弄。

译文

欺负老人也不要去欺负小孩子，欺负人的人都是些不明事理的人。

按季节种植庄稼、收获粮食，他日吃饱穿暖要感谢上天的眷顾。

「专家解疑」
眷顾：关心照顾。

遇事要忍耐，不忍耐小事，就会因小事而酿大祸。

家庭成员之间争强好胜，虚荣自私，家道就会逐渐衰败。

贤惠的妻子会让丈夫有自信、有地位，恶妇会让丈夫自卑、毁前程。

「哲理名言」
家庭成员之间争强好胜，虚荣自私，家道就会逐渐衰败。

故事延伸

内助之贤

晏婴是战国时齐景公的宰相，躯体不甚高大，据云长不满六尺

（相当现在四尺三寸），但他很有才干，名闻诸侯。有一天晏婴出门，坐着车子，由他的御者（马车夫）驾车。那位御者的妻子很贤淑，当御者驾着车子，经过自己家的门口时，他的妻子在门缝里偷看，看见她丈夫挥着马鞭，一脸扬扬得意。

当天晚上她丈夫回家时，她就责备他道："晏婴身长不满六尺，当了齐国的宰相，而且名闻天下，各国诸侯都知道他、敬仰他。我看他的态度，还是很谦虚，一点也没有自满的意思；你身长八尺，外表比他雄伟得多，只做了他的驾车人，还扬扬得意，显得很骄傲的样子，所以你不会发达，只能做些低贱的职务，我实在替你觉得难为情啊！"

御者自从听了他妻子的话后，态度逐渐转变了，处处显得谦虚和蔼。晏婴看见御者突然谦和起来，觉得很奇怪，问他的原因。御者就把妻子所说的一番话老老实实地告诉晏婴。晏婴认为他听到谏劝，能够马上改过，是一个值得提拔的人，于是推荐他当了大夫的官。

「专家解疑」

贤淑：贤惠。

敬仰：敬重仰慕。

「名师点拨」

这位驾车人的妻子真是一位了不起的女性，她及时看出并毫不留情地指正了丈夫身上的缺点，而驾车人也及时改正并得到晏子的赏识。这也验证了那句话："一个成功男人的背后，都有一位伟大的女人。"

智慧解读

驾车人的妻子是一位极富智慧的女性，她审时度势，及时开导丈夫，积极为丈夫出谋划策，最终让丈夫引起晏子的注意，成功实现了人生超越。

原文

「千古名句」
一人有庆，兆民咸赖。

一人有庆，兆民[1]咸赖。
人老心未老，人穷志莫穷。
人无千日好，花无百日红。
杀人可恕，情理难容。

注释

①兆民：人民，百姓。

译文

一人成功了，众人都会感到此后有了依靠。

一个人老了，但壮心不老；一个人虽然穷，但志气不穷。

「哲理名言」
人不会总是一帆风顺，花不会长久鲜艳。

人不会总是一帆风顺，花不会长久鲜艳。

即使有原因而不得已杀害了人，可以宽恕，但法理不容，法不容情。

故事延伸

「专家解疑」
东倒西歪：①形容行走、站立时身体歪斜或摇晃不稳的样子。②形容物体杂乱地歪斜或倒下的样子。

不食嗟来之食

春秋时期，各诸侯国互相征战，老百姓不得太平，如果再加上天灾，老百姓就没法活了。这一年，齐国大旱，一连3个月没下雨，田地干裂，庄稼全死了，穷人吃完了树叶吃树皮，吃完了草苗吃草根，眼看着一个个都要被饿死了。可是富人家里的粮仓堆得满满的，他们照旧吃香的、喝辣的。

有一个富人名叫黔敖，看着穷人一个个饿得东倒西歪，反而幸灾乐祸。他想拿出点粮食给灾民们吃，但又摆出一副救世主的架子。他把做好的窝头摆在路边，施舍给过往的饥民们。每当过来一个饥民，黔敖便丢过去一个窝头，并且傲慢地叫着："叫花子，给你吃吧！"有时候，过来一群人，黔敖便丢出去好几个窝头让饥民们互相争抢，黔敖在一旁嘲笑地看着他们，十分开心，觉得自己真是大恩大德的"活菩萨"。

「专家解疑」
幸灾乐祸：别人遭到灾祸时自己心里高兴。

这时，有一个瘦骨嶙峋的饥民走过来，只见他满头乱蓬蓬的头发，衣衫褴褛，将一双破烂不堪的鞋子用草绳绑在脚上。他一边用破旧的衣袖遮住面孔，一边摇摇晃晃地迈着步。由于几天没吃东西了，他已经支撑不住自己的身体，走起路来有些东倒西歪了。

黔敖看见这个饥民的模样，便特意拿了两个窝头，还盛了一碗汤，对着这个饥民大声吆喝着："喂，过来吃！"饥民像没听见似的，没有理他。黔敖又叫道："嗟，听到没有？给你吃的！"只见那饥民突然精神振作起来，瞪大双眼看着黔敖说："收起你的东西吧，我宁愿饿死也不愿吃这样的嗟来之食！"

黔敖万万没料到，饿得这样摇摇晃晃的饥民竟还保持着自己的人格尊严，顿时满面羞惭，一时说不出话来。

"不食嗟来之食"这句名言就出自这个故事，是说为了表示做人的骨气，哪怕是让自己饿死，也绝不低三下四地接受别人的施舍。

「名师点拨」
这世上真正的贫穷不是物质的贫穷，而是精神的贫穷、志向的贫穷。这是"嗟来之食"的出处。一个宁愿饿死也要保持高尚人格的人，他比黔熬要富有得多。

智慧解读

冻死迎风站，做人要有骨气。与其食嗟来之食，让人戳脊梁骨，倒不如挺直腰杆做人，即使饿死，也要保留一身清白的傲骨。

原文

乍富不知新受用，乍贫难改旧家风。

座上客常满，樽中酒不空。

屋漏更遭连年雨，行船又遇打头风。

笋因落箨[1]方成竹，鱼为奔波始化龙。

记得少年骑竹马，看看又是白头翁。

礼义生于富足，盗贼出于贫穷。

「千古名句」

座上客常满，樽中酒不空。

注释

①箨（tuò）：笋壳。

译文

突然暴富不知该如何享用财富，突然贫穷却很难改变原有的享受习惯。

家道富足，高朋满座，酒食充裕。

屋漏了又逢上了连绵大雨，行船时遇到了迎头大风。

笋因为掉下一层层的皮，才成为竹子；鱼正因为有了奔波的经历，才有了成龙的机会。

至今常记起少年骑竹马的情景，但转眼头发已经白了。

懂礼义的人多出自富裕之家，盗贼多是由于贫困而产生的。

「专家解疑」

高朋满座：高贵的宾客坐满了席位，形容来宾很多。

奔波：忙忙碌碌地往来奔走。

「哲理名言」

懂礼义的人多出自富裕之家，盗贼多是由于贫困而产生的。

故事延伸

鲤鱼跃龙门

很早很早以前，龙门还未凿开，伊河水流到这里被龙门山挡住了，就在山南之下积聚了一个大湖。

居住在黄河里的鲤鱼听说龙门风光好，都想去观光。它们从孟津的黄河里出发，通过洛河，又顺伊河来到龙门水溅口的地方，但龙门山上无水路，上不去，它们只好聚在龙门的北山脚下。

「专家解疑」

风光：风景；景象。

自告奋勇：主动地要求承担某项艰难的工作。

“我有个主意，咱们跳过这龙门山怎样？”一条大红鲤鱼对大家说。

“那么高,怎么跳啊？”“跳不好会摔死的！”伙伴们七嘴八舌，拿不定主意。

大红鲤鱼便自告奋勇地说：“我先跳，试一试。”

只见它从半里外就使出全身力量，像离弦的箭，纵身一跃，一下子跳到半天云里，带动着空中的云和雨往前走。一团天火从身后追来，烧掉了它的尾巴。它忍着疼痛，继续朝前飞跃，终于越过龙门山，落到山南的湖水中，一眨眼就变成了一条巨龙。山北的鲤鱼们见此情景，一个个被吓得缩在一块，不敢再去冒这个险了。

这时，忽见天上降下一条巨龙说：“不要怕，我就是你们的伙伴大红鲤鱼，因为我跳过了龙门，就变成了龙，你们也要勇敢地跳呀！”

「名师点拨」

不经历风雨，怎么见彩虹？不经历地狱淬火，怎么能浴火重生？鲤鱼跳龙门，跳过去即可成龙。即使跳不过去，也腾起在高处，有过一时的俯瞰。

鲤鱼们听了这些话，受到鼓舞，开始一个个挨着跳龙门山。可是除了个别的跳过去化为龙以外，大多数都过不去。凡是跳不过去，从空中摔下来的，额头上就落一个黑疤。直到今天，这个黑疤还长在黄河鲤鱼的额头上呢。

智慧解读

吃得苦中苦，方为人上人。不经一番彻骨之痛，如何浴火重生？鲤鱼跳龙门，即使不能化龙，至少也有过轰轰烈烈的拼搏，让苍白的人生不再只是平凡。

原文

天上众星皆拱[1]北，世间无水不朝东。

君子安贫，达人知命。

忠言逆耳利于行，良药苦口利于病。

顺天者存，逆天者亡。

人为财死，鸟为食亡。

夫妻相合好，琴瑟与笙簧。

有儿贫不久，无子富不长。

「千古名句」人为财死，鸟为食亡。

注释

①拱：环绕。

译文

天上的星星全都围绕着北斗星，世界上的河流最后都要归于大海。

君子多是能安分守己的，洞达、通晓的人一般知晓天命。

忠言虽然刺耳，但有利于一个人的行动；良药虽然苦口，却能治病。

一切遵从天命的人会过得很好，反之就会无法生存下去。

人可以为财殒命，鸟也能为食亡身。这世上的利益是囚禁大多数人的黄金枷锁。

夫妻之间的和睦应该像琴瑟笙簧那样配合密切。

有了儿子，贫穷不会长久；没有儿子，富了也不长久。

「专家解疑」安分守己：规矩老实，不做超出本分的事。

「哲理名言」人可以为财殒命，鸟也能为食亡身。这世上的利益是囚禁大多数人的黄金枷锁。

故事延伸

人为财死，鸟为食亡

从前有一个宰相，他原来是个贫寒的秀才。有一次，他饿昏在路边，被正在行军打仗的皇帝看见了，皇帝就把他救到军中。后来，凭着他的聪明乖巧和满腹经纶当上了宰相。

「专家解疑」满腹经纶：形容人很有政治才能或很有才学。

有一次，宰相无事，忽然想知道自己究竟有多少财产，于是就叫家人打开金库，他走进金库一看不由得呆住了，只见满眼的珠宝闪光，满屋的金银耀眼。他想不到自己会有那么多的财产。想想当年，自己穷极潦倒，连一碗米饭、一块布角都没有，为什么同是一个他，前后贫富相差那么大？他越想越气，对着满屋的金银珠宝大声说："天下人是势利眼，连财神爷也是马屁精，我要鞭打财神，解心头之恨！"说着他马上请来金银匠，赶铸了两个财神像，一个用金，一个用银。

「智慧引路」天下的人形形色色，有好有坏，我们千万不能像这个宰相一样，因为别人变坏就放纵自己，应该坚守做人的底线。

金银财神铸成了，宰相用绳子把两个财神捆绑起来，立起香案，鞭打财神像，并对天诅咒，辱骂财神，他训斥财神不得再戏弄世人。然后，他叫来两个旗牌，让他们带着财神像，驱车去东海边，把两个财神扔入大海。

两个旗牌奉命把财神放进车内，一路赶着车到海边去。路上，两个旗牌对着一对赤金赤银的财神像，各想开了主意，都想独吞这笔财产。一日，车经过一个荒郊，两人商议停车小憩。乙留下取火做饭，甲外出买菜下酒。烧饭的一想机会来了，偷偷地在饭中下了毒，让买酒菜回来的人吃了饭毒死，他就可以独吞两尊财神像逃之夭夭。那位去买酒菜的也想到了这个主意，也偷偷地在酒菜中下了毒。就这样，两人都装得若无其事的样子一起坐下来喝酒吃饭。但买酒菜的先吃饭，烧饭的先吃酒菜。结果，两人双双自食其果，倒毙荒郊。荒郊野外有群鸟，它们见了满地酒饭不管三七二十一，纷纷飞下来啄食，结果，也一一中毒死亡。

「名师点拨」因为贪心，两个旗牌和鸟都丢掉了性命，真是应了那句"人为财死，鸟为食亡"。

再说那个宰相自两个旗牌走后，有点儿不放心，就亲自驾车赶去看个究竟。想不到，还没有到海边就遇上了两具旗牌的尸体，旁边还有许多鸟的尸体，而那两个金银财神却仍然稳坐在车中浑身闪烁着诱人的光环。一切都明白了！宰相不由得叹着说：“人为财死，鸟为食亡，可悲呀可悲！”

据说，这位宰相后来看破红尘进山为道了。而这句“人为财死，鸟为食亡”的话却流传了下来。

「名师点拨」

“天下熙熙，皆为利来；天下攘攘，皆为利往。”名和利是囚禁世人的两道黄金锁，人为财死鸟为食亡的悲剧到处都在发生。

智慧解读

人为财死，鸟为食亡。名枷利索是世人挣不开的两道魔咒，一旦超越名利，人生方可得到真正的超脱。其实在这样的商业社会，不求名利者，反而会得到更多。越显得饥渴，越得不到食物。

原文

善必寿老，恶必早亡。
爽口食多偏作病，快心事过恐生殃。
富贵定要安本分，贫穷不必枉思量。
画水无风空作浪，绣花虽好不闻香。
贪他一斗米，失却半年粮。
争他一脚豚，反失一肘羊。
龙归晚洞云犹湿，麝[①]过春山草木香。

「千古名句」

爽口食多偏作病，快心事过恐生殃。

「千古名句」

贪他一斗米，失却半年粮。争他一脚豚，反失一肘羊。

注释

①麝：哺乳动物，外形像鹿而小，无角。

译文

常怀善心的人寿命长，干尽坏事的人必短命。

爽口的食物吃得多容易生病，高兴过头了容易遭殃。

富贵之人一定要安于本分，贫困的人不必枉费心机。

画中的水浪是不会动的，布上绣的花再鲜也不闻其香。

贪图他人一斗米，却损失了自己半年的粮食。

争别人一只猪蹄，却舍去了自己一肘羊肉。

龙归洞后云还是湿的，麝虽然走过了，但草木上还留有麝香。

「专家解疑」

枉费心机：白白地耗费心思（多含贬义）。

故事延伸

生金蛋的鸭子

一个穷农夫有一只鸭子，这只鸭子会生金蛋。不过它一个星期只生一次，而且每次只生一个。对此农夫心想：“对了，我应该杀了这只鸭子，这样我就可能在一天之内得到它肚子里的全部金蛋了。”

说干就干，他立刻便把那鸭子宰了，可是他又立刻惊奇地发现，他干了一件多么愚蠢的事：那只鸭子肚子里连一只金蛋都没有。农夫后悔不已，暗暗叫苦：“唉，我真是活该倒霉！每个星期一只金蛋不要，偏偏要什么更多的金蛋。这下，我的希望，我的慰藉，我的利益全都化为泡影。现在我才是真正到了贫穷的地步了！”

贪心没有满足的时候。

「智慧引路」

目光短浅的农夫只看到眼前的利益，杀了可以改变他命运的鸭子。小朋友们，我们要引以为戒，凡事要往长远看。

「名师点拨」

人们往往为了自己的利益作出杀鸡取卵、涸泽而渔的事，虽然到最后幡然醒悟，但为时已晚。这种事在当下并不少见。

智慧解读

“人心不足蛇吞象”，世人常常为了眼前一点蝇头小利不惜做出杀鸡取卵的事情来。虽然很快便幡然醒悟，但为时已晚。

原文

平生只会量人短，何不回头把自量。

见善如不及，见恶如探汤[1]。

人贫志短，马瘦毛长。

自家心里急，他人未知忙。

贫无达士将金赠，病有高人说药方。

触来莫与说，事过心清凉。

「千古名句」

见善如不及，见恶如探汤。

注释

①汤：古时指开水。

译文

有的人一生只会去揭别人的短处，为什么不回过头来思量下自己的缺点呢?

看见好的行为要为自己不如别人而惶惑、感伤，看见丑恶的行为，要远离不效仿。

「专家解疑」

惶惑：疑惑畏惧。

人穷了往往没有志气，马瘦了必然显得毛长。

自己的事自己着急，别人不一定知道你的心情。

人贫穷了，不会有人来给你送钱；人要病了，可能有人会告诉你治病的方法。

当别人触犯你的时候，勿与人家计较，事情过后心情自然会平静下来。

「哲理名言」

当别人触犯你的时候，勿与人家计较，事情过后心情自然会平静下来。

故事延伸

羡慕别人不如羡慕自己

在莱茵河畔，一位青年正垂头丧气地来回走动着，他心烦意乱，真想跳进河里一死了之。

他舍不得这个世界，正在犹豫不决，一位牧师经过他的身边，停下来问道：“小伙子，你有心事吗？”

青年深深地叹了口气说：“我叫莱恩，但上帝从来没给我来恩，年近30岁一事无成，一文不名，家里还有个叫人看了就恶心的黄脸婆，这样的日子我真受够了。”牧师听了微笑着问道：“莱恩先生，那么你的理想是什么呢？说出来，看看我能不能帮你实现。”莱恩说：“我曾经有三个理想，做像怀特那样的超级大富翁，做像斯皮尔那样的高官，如果这两个不能实现，那么我想娶布蕾丝那样的漂亮女人做妻子。”牧师笑着说：“莱恩，这很容易，你跟我来吧！”说着，转身就走。莱恩大喜过望，紧紧跟在了后边。

牧师领着莱恩先来到世界超级富翁怀特的豪宅，只见他正躺在床上大声咳嗽，脸色蜡黄，面前的金盆里是他刚吐过的带血丝的痰。牧师转身对莱恩说：“怀特先生不惜牺牲自己的健康追求财富，为了得到财富，他付出了超负荷的精力，结果财富得到了，他却累倒了。他还不知道自己的三个儿子正祈祷他早日升天，好早日继承遗产呢。”

牧师说着，领着莱恩来到另一间房间，只见怀特的三个儿子正在和几位漂亮小姐喝酒，一副声色犬马的样子，莱恩看了十分恶心，不由掉转身子。牧师对莱恩说：“我们再去拜访一下议长斯皮尔吧！”

两人又来到斯皮尔的官邸，只见他身边围着几个人，显然是保镖。斯皮尔吃饭，保镖先尝；斯皮尔睡觉，保镖都瞪大了眼睛盯着他；就是斯皮尔上厕所，他们也在马桶旁蹲着。牧师对莱恩说：“斯皮尔的政敌很多，稍不注意就要遭到黑手。他就是上街散步，保镖都寸步不离。”莱恩叹了口气，失望地说：“那他和蹲监狱有

「专家解疑」
一文不名：一个钱也没有（名：占有）。
寸步：极短的距离。

「名师点拨」
这一句是对超级富翁怀特的状态的描写，通过“咳嗽”“蜡黄”以及带血的痰可以看出他的病已经十分严重了。

「智慧引路」
虽然议长斯皮尔身份权威，但也正因为这样，打他主意的人也不少，所以他不得不时时刻刻防备，反而失去了自由。小朋友们，任何事情都具有两面性，要想得到就必须有所付出才行。

什么两样？”牧师无奈地摇摇头说：“我们再去看看当代最红、最性感的女明星布蕾丝吧。”说着，他领着莱恩来到布蕾丝的家里。

布蕾丝正冲一位菲律宾佣人大发脾气，她甚至拿起手里的烟头朝佣人身上扎，佣人的皮肤很快起了泡。佣人硬挺着，不敢呻吟。牧师悄悄对莱恩说：“如果他发出惨叫的话，将招致更严厉的惩罚。”布蕾丝折磨完佣人，要回房睡觉了。这时一个女佣走进来对她说：“小姐，伯格先生求见。”布蕾丝眼皮也不抬地吩咐道：“叫他给我滚出去，今天我已经和他离婚了，与他什么关系也没有了。”佣人小心地答应着要退出去，布蕾丝又说：“顺便带个信儿给他，明天我就要和我的第十二任丈夫结婚了，他有兴趣的话，可以来参加我们的婚礼。”说完，“啪”的一声关上了房门。

莱恩看得目瞪口呆。从布蕾丝家出来后，牧师问莱恩：“小伙子，三个理想，你随便挑一个，我都可以替你实现。”莱恩想了一会儿，说：“不，牧师，其实我什么也不缺，与怀特先生相比，我有他所有金钱都买不来的健康；与斯皮尔先生相比，我有他没有的自由；至于布蕾丝嘛，我老婆可比她贤淑善良多了……”牧师满意地伸出手来和莱恩相握，莱恩满脸笑意，一抹温暖的阳光洒在他们的身上。

「专家解疑」

呻吟：指人因痛苦而发出声音。

目瞪口呆：形容受惊而愣住的样子。

「名师点拨」

我们都只看见别人光鲜的一面，却忘记有阳光的地方必有阴影。其实我们自己就是最大的财富，有着无限的可能。不必羡慕别人，自己就是自己的贵人。

智慧解读

自己才是自己的贵人，各有来日莫羡人。

原文

秋至满山多秀色，春来无处不花香。

凡人不可貌相，海水不可斗量。

清清之水，为土所防。

济济[1]之士，为酒所伤。

蒿草之下，或有兰香。

茅茨之屋，或有侯王。

「千古名句」

蒿草之下，或有兰香。

茅茨之屋，或有侯王。

注释

①济济：众多的样子，形容有才能的人很多。

译文

秋天来了，漫山遍野都是秀丽的景色；春天来了，到处都散发着花香。

看人不能只看表面，海水是不能用斗衡量的。

清清的水为土所挡，许多有才之士为饮酒所伤。

蒿草下边可能长着芬芳的兰草，茅屋贫舍里不能断言没有未来的侯王。

「哲理名言」蒿草下边可能长着芬芳的兰草，茅屋贫舍里不能断言没有未来的侯王。

英雄不问出处

美国马萨诸塞州一个偏远山村的一家农户中传出的一声响亮的婴儿啼哭，打破了乡村的宁静。这个婴儿带给农户一家的既有为人父母的喜悦，又有对难以维持的贫困生活的担忧。用这个孩子后来在其自传中的话来形容，那就是“当我还在襁褓中的时候，贫穷就已经露出了它凶恶的面目”。

「专家解疑」襁（qiǎng）褓（bǎo）：包裹婴儿的被子和带子。

当这个婴儿渐渐长大，已经“咿呀”学语之时，父母为了维持几个孩子的温饱，不得不同时打好几份工，即使是这样，这家人依然一天只吃一顿饭，吃了上顿没下顿，时时面临饥饿的威胁。就在这个孩子刚刚记事时，他就比有钱人家的同龄孩子们懂事得多，这可能就是人们常说的“穷人的孩子早当家”吧。在那时，当他稍稍感到饥饿时是不会向母亲要东西吃的，只有在感到非常饥饿时才会用一双深陷在眼窝中的眼睛观察母亲，如果看到母亲脸上的表情不是十分严肃，他就会伸出一双小手向母亲要一片面包。

「名师点拨」亨利·威尔逊小时候是一个十分懂事的孩子，他知道母亲的难处，所以只在自己十分饥饿的时候才伸手向母亲要面包，而且还是在母亲不是很忧心的时候，可见他的体贴。

贫困使得这个家中的孩子们都没能受到完整的教育，本文的主人公更是在十岁时就不得不出外谋生，之后当了整整十一年的学徒。学徒的工作又苦又累，如果不是被逼无奈，没有任何一对父母愿意让孩子受如此的苦难。

当结束了充满血泪的学徒生涯之后，这个孩子又到遥远的森林里当伐木工，森林离家很远，而且当地除了几名一贫如洗的伐木工之外，几乎没有人烟。在森林里当了几年伐木工之后，已经长成强壮青年的他又继续依靠自己的能力干其他工作。虽然这期间的工作都十分辛苦，但是他居然利用夜间休息的时间读了千余本好书，这些书都是他在干完活后跑十几里山路从镇上的图书馆里借来的。就这样，他一边辛苦地工作，一边从书本中学习知识、汲取智慧。

「名师点拨」伟人和凡人的最大区别，就看他们对夜晚时间的运用。能够在繁重的工作之余坚持学习的人必成大器。

无论面临怎样的困苦和艰难，他从来没有抱怨过任何人和任何事，即使是面对极不公平的待遇时他也仍然如此。

一次，他得知伐木厂附近的一家政府机构要招书记员。以他的能力和水平是完全可以胜任书记员这一职务的，于是工友们都支持他去报名，结果在报名时，一位负责人不屑一顾地告诉他："要想成为这家机构的书记员，首先要有高等学历，同时还要有当地资金丰厚的人愿意担保。"这两项条件他都不符合。

当初拒绝过他的那位负责人怎么也不会想到，就这样一个几乎完全依靠自学获得知识的孩子，竟然在四十岁左右的时候以绝对优势打败竞争对手进入美国国会，后来，他又因为出色的政绩成为人们爱戴的美国副总统。他就是美国历史上最优秀的副总统之一——亨利·威尔逊，无论是他本人，还是他为美国历史，都创造了令世人瞩目的伟大成就。

「名师点拨」英雄不问出处，往往那些生来即贫贱，落地为草莽的人会取得那些豪门巨子望尘莫及的成就。

智慧解读

十步之内必有芳草，十里之村必有奇士。英雄都是不走寻常路的，崎岖、坎坷才能造就真正的雄才。

原文

无限朱门生饿殍[1]，几多白屋出公卿。
醉后乾坤大，壶中日月长。
万事皆已定，浮生空自忙。
千里送毫毛，礼轻仁义重。

「千古名句」醉后乾坤大，壶中日月长。

注释

①殍（piǎo）：饿死，饿死的人。

译文

「专家解疑」
潦倒：颓丧；失意。
三长两短：指意外的灾祸、事故，特指人的死亡。

无数的豪门贵族子弟只会落得贫困潦倒，而贫寒的家庭里却能出大人物。

很多人醉后才会自我感到安慰，醉后才获得一丝满足，这可能就是那些精神痛苦的人想“醉”的原因吧。

什么事上天都已经定好了，不用自己整日徒然空忙。

千里之外送一根毫毛，礼虽轻但情义重。

「哲理名言」
千里之外送一根毫毛，礼虽轻但情义重。

故事延伸

千里送鹅毛

唐朝贞观年间，西域回纥国是大唐的藩国。一次，回纥国为了表示对大唐的友好，便派使者缅伯高带了一批珍奇异宝去拜见唐王。在这批贡物中，最珍贵的要数一只罕见的珍禽——白天鹅。

缅伯高最担心的也是这只白天鹅，万一有个三长两短，可怎么向国王交代呢？所以，一路上，他亲自喂水喂食，一刻也不敢怠慢。

「名师点拨」
眼看着要进贡的白天鹅居然因为自己的疏忽飞走了，缅伯高会怎么做呢？这里其实是在为他“千里送鹅毛”做铺垫。

这天，缅伯高来到沔阳河边，只见白天鹅伸长脖子，张着嘴巴，吃力地喘息着，缅伯高心中不忍，便打开笼子，把白天鹅带到水边让它喝了个痛快。谁知白天鹅喝足了水，合颈一扇翅膀，“扑喇喇”的一声飞上了天。缅伯高向前一扑，只拔下几根羽毛，却没能抓住白天鹅，眼睁睁看着它飞得无影无踪，一时间，缅伯高捧着几根雪白的鹅毛，直愣愣地发呆，脑子里来来回回地想着一个问题：“怎么办？进贡吗？拿什么去见唐太宗呢？回去吗？又怎敢去见回纥国王呢！”思前想后，缅伯高决定继续东行，他拿出一块洁白的绸子，小心翼翼地把鹅毛包好，又在绸子上题了一首诗："天鹅贡唐朝，山重路更遥。沔阳河失宝，回纥情难抛。上奉唐天子，请罪缅伯高。物轻人意重，千里送鹅毛！"

缅伯高带着珠宝和鹅毛，披星戴月，不辞劳苦，不久就到了长安。唐太宗接见了缅伯高，缅伯高献上鹅毛。唐太宗看了那首诗，又听了缅伯高的诉说，非但没有怪罪他，反而觉得缅伯高忠诚老实，不辱使命，就重重地赏赐了他。

「专家解疑」

披星戴月：形容早出晚归，辛勤劳动，或昼夜赶路，旅途劳顿。

从此，"千里送鹅毛，礼轻情义重"的故事就广为流传开来。

智慧解读

千里送鹅毛，礼轻人意重。珍贵的往往不是作为礼物的那些珠玉本身，而是一份真挚的情谊和一颗诚实的心。

浮生若梦

美国的霍桑曾写过这样一个经典故事。

穷小子大卫今天一上午都在找工作，哪怕端盘子、洗碗也好，可是直至正午还一无所获，这时，他走到了路旁的一片树荫里，也许是太疲惫的缘故吧，不一会儿，他便靠着树桩沉沉地睡着了。

「名师点拨」一直没有找到工作的大卫困极了，疲惫地睡着了，而正是因为睡着，他失去了改变他命运的机会。

他刚睡下，大道上就来了一辆华丽的马车，或许是马腿上出了点毛病，车停了，一位绅士扶着妻子走下车，他们一眼就看见了熟睡的大卫。“睡得多甜啊，呼吸得那么有节奏，要是我们也能那样睡会儿，那该有多么幸福啊。”绅士羡慕地说。他的妻子也深以为然，“像咱们这年龄，恐怕再也睡不了那么好的觉了！这个可爱的小伙子多像咱们的儿子，叫醒他好吗？”“可是我们还不知道他的品行，”绅士反驳道。“看那面孔，多天真无邪。”妻子坚持着，可最终两个人还是恋恋不舍地走上马车，车走了。

「专家解疑」恋恋不舍：形容舍不得离开。

大卫当然不会知道，幸运刚刚降临又走远了。这位绅士很富有，而他唯一的孩子最近又死了，夫妻俩很想认个可爱的小伙子做儿子，并继承他们雄厚的家产，他们甚至在那一刻看中了大卫，可大卫睡得很香。

没过 10 分钟，一个美丽的女孩儿迈着轻盈的步子，追着一只蝴蝶，来到了树下，她看见一只马蜂正落在大卫的头顶，不由得拿出手绢替他驱赶着，这时他仔细地看了一眼大卫，“多英俊的小伙子！他醒来时会是什么样子呢？”她在旁边坐了 10 多分钟，可大卫还没有醒来，女孩快快地走了，回家晚了要挨父亲骂的，父亲是个大石油商，最近正在给女儿物色一个正直的小伙子，穷点儿不要紧，勤劳正直就好。也许他们会相识继而结合的，可大卫依然睡着，女孩

「名师点拨」从小女孩帮大卫驱赶马蜂的行为可以看出她是一个十分善良的人。

儿无声无息地走了。

不久，两个鬼鬼祟祟的家伙来了，他们戴着面具，手里拿着匕首。“也许这小子身上有钱”，他们想着，“过去搜搜，要是反抗，就一刀捅了他”。两人刚要动手，这时，不知从哪儿窜出一条狼狗。“是警犬也不一定，这两天我的眼皮总是跳。”两个强盗放弃了大卫，跑了。

下午，太阳那股热乎劲儿下去时，大卫醒了，拍了拍屁股，沿着大道向前走去，工作还没有什么着落，对于他来说，刚才的一切至多也就是个梦，不过是在饥饿中睡了一个午觉而已。

「名师点拨」很多人都在抱怨上天为什么给别人巨大的财富，而吝啬到连一个微小的机遇都不给自己。那是因为机遇来敲门的时候，自己在睡觉。而机遇敲门的声音又很轻，没有作好准备的人听不到。

智慧解读

浮生若梦，无论是贫穷还是富贵，都显得如镜花水月一般不真实。大卫永远不知道他在梦中失去了什么，对他来说，那不过是他饿着肚子做的一个华丽的梦。

原文

一人传虚，百人传实。

世事明如镜，前程暗似漆。

光阴黄金难买，人生一世，如驹过隙[①]。

「千古名句」世事明如镜，前程暗似漆。

注释

①如驹过隙：形容时间过得很快，就像骏马在缝隙前一掠而过。驹：少壮的骏马。

译文

一个人说假话没人相信，一百个人说就会被当成事实。

眼前的事一切都十分清楚，但以后的前程却一片黑暗。

黄金难买光阴，人生如世间过客。

「哲理名言」黄金难买光阴，人生如世间过客。

故事延伸

以讹传讹

宋国的丁家庭院里没有井，于是只能出门打水，所以经常有一个人在外面。等到他家院子里打好井之后，这家人就告诉外人说：“我打井之后就如同得到了一个人一般。”

听到了这话的人互相转告说：“丁家人打井，挖出来了一个人！”

有大臣听说了，连忙告诉了宋国的国君。国君连忙派人去问丁家的人。姓丁的人说：“我的意思是

说我得到了像一个人那么多的劳力，不是说我从井里挖出了一个人啊。”

「智慧引路」

“曾参岂是杀人者，谗言三及慈母惊。”小朋友们，天下的事是纷繁复杂的，我们一定要具备独立思考的能力，切不能以讹传讹，贻笑大方。

智慧解读

这世上的事情“一人传虚，百人传实”，以讹传讹，以至于谬种流传。

原文

良田万顷，日食一升。
大厦[①]千间，夜眠八尺。
千经万典，孝义为先。

「千古名句」
一字入公门，
九牛拖不出。

一字入公门，九牛拖不出。

衙门八字开，有理无钱莫进来。

注释

①厦：大屋子。

译文

纵然家里有良田万亩，每天也不过是吃一升米而已。

「哲理名言」
即使有大厦千间，而一个人有八尺的地方就足够睡觉了。

即使有大厦千间，而一个人有八尺的地方就足够睡觉了。

千万经典，孝义最为重要。

一旦官司缠身，就会陷入其中，万劫不复。

衙门的大门朝南开着，认钱不认理，再有理而没钱通融，也就不要去了。

故事延伸

卧冰求鲤

「专家解疑」
说三道四：随意评论，乱加议论。

晋朝时期，有个叫王祥的人，心地善良。他幼年时失去了母亲。后来继母朱氏对他不慈爱，时常在他父亲面前说三道四，搬弄是非。他父亲对他也逐渐冷淡。

王祥的继母喜欢吃鲤鱼。有一年冬天，天气很冷，冰冻三尺，王祥为了能得到鲤鱼，赤身卧在冰上。他浑身冻得通红，仍在冰上祷告，求鲤鱼。

正在他祷告之时，他右边的冰突然开裂。王祥喜出望外，正准备跳入河中捉鱼时，忽从冰缝中跳出两条活蹦乱跳的鲤鱼。王祥高兴极了，就把两条鲤鱼带回家供奉给继母。

他的举动，在十里乡村传为佳话。人们都称赞王祥是人间少有

的孝子。有诗颂曰：

继母人间有，王祥天下无。
至今河水上，留得卧冰模。

智慧解读

王祥确实是人间少有的孝子，不仅因为他在隆冬时节卧冰求鲤，还在于他孝敬的对象是对他并不慈爱的继母。

原文

富从升合起，贫因不算来。
家中无才子，官从何处来。
万事不由人计较①，一生都是命安排。
急行慢行，前程只有多少路。
人间私语，天闻若雷。
暗室亏心，神目如电。

「千古名句」
富从升合起，贫因不算来。

「千古名句」
人间私语，天闻若雷。
暗室亏心，神目如电。

注释

①计较：计算比较得失。

译文

要想富必须得有所计划，从一点一滴开始积累；贫穷都是因为没有制定计划。

家里没有有才能的人，官位怎么可能到来呢？

什么事都不用人去过多考虑，一辈子都由命运来安排。

人一辈子的前程早就定好了，急行、慢行都一样。

背后私论是非长短，人不知、天却知，字字如雷贯耳。

「专家解疑」
如雷贯耳：像雷声穿过耳朵一样，形容人的名声很大。

「哲理名言」暗地里做亏心事，神灵看得一清二楚，明明白白，丝毫不漏。

暗地里做亏心事，神灵看得一清二楚，明明白白，丝毫不漏。

故事延伸

同命不同运

正值赶考时节，有一位秀才欲赴省城大考，偏偏妻子怀胎十月，随时可能临盆。留她一人在家中也不能安心，遂带着妻子同行，希望能赶到省城之后才生产。一路旅途劳顿，也不知是否动了胎气，还是孩子急着想早一刻出来，妻子竟在半途肚子痛了起来，眼看就要生产了。

「专家解疑」劳顿：劳累（多指行程中）。

沿途住家稀少，勉强前行了一段路，才找到一处人家，秀才急忙上前敲门。这户人家以打铁为业，刚巧铁匠的老婆也正要生产。算来也是秀才的运气好，现成的接生婆正好顺道帮妻子接生。

过不多时，秀才的妻子和铁匠的老婆安然地产下两个儿子，母子皆平安。算来两个男婴竟是同年同日且同一时辰生下的。

「名师点拨」两个同年同日同时出生的孩子，却因生在不同的环境而命运天差地别。这种事在世间并不少见。

16年后，秀才的儿子长大了，也继承父业，考上了秀才。老秀才大喜之余，想起铁匠的儿子与自己的秀才儿子的生辰八字相同，想来此时必定也是个秀才了。

回想当年收容妻子临盆之恩，秀才便准备了四色礼物，专程赶往铁匠家中，欲向他道贺儿子高中之喜。

等到了铁匠家中，只见老铁匠坐在门口吸着旱烟，屋内一个年轻后生，精赤着上身正忙着打铁。秀才将礼物呈上，并问老铁匠的儿子哪里去了。

老铁匠指了指门内，说道：“喏，不就在那儿，哪里也没去啊！”

秀才诧异道：“是他，这可奇怪了。按命理说来，你儿子和我儿子生辰时刻相同，八字也一样，理应此际也该是个秀才方是，怎么会……”

铁匠大笑：“什么秀才，这小子从小跟着我打铁，大字也识不得一个，拿什么去考秀才啊！”

老秀才至此才大悟，生辰命理相同，命运也会不同，因为处于不同环境的际遇，自然命运也大不相同。

「名师点拨」
即使是同年同月同日生，没有适合的环境，一样会造成命运的天差地别，当然，这与个人的努力也分不开。

智慧解读

所谓命运不过是失败者无聊的自慰，不过是怯懦者的解嘲，人们的前途只能靠自己的意志和努力来决定，命运负责洗牌，但是玩牌的是我们自己。人重要的不是抓得一手好牌，而是打好手中的烂牌。

原文

一毫之恶，劝人莫作。
一毫之善，与人方便。
欺人是祸，饶人是福。
天网恢恢①，报应甚速。

「千古名句」
一毫之恶，劝人莫作。
一毫之善，与人方便。

注释

①恢恢：宽广的样子。

译文

即使是一丁点儿的坏事，劝你也不要去做。

即使是一丁点儿的好事，只要能给人带来好处和方便，也要去做。

伤害人会带来灾祸，宽恕人却能给人带来福分。

天道广阔，但对恶人的报应却很快。

「专家解疑」
福分：福气。

故事延伸

恶有恶报

「名师点拨」小铁锤真是吉星高照，连睡梦中都有人指点迷津。这固然是神话故事，却也有现实的映照。上天是不会亏待一个对身边的人心存善意的人的，帮助别人的人自然会获得别人的帮助。

「智慧引路」小铁锤的一念之善为自己赢得了三件宝物，小朋友们，也许我们做好事不会得到宝物，却会让我们成为一个好孩子，这才是上天赐给我们的真正的宝物。

从前有个小孩名叫小铁锤，整天上山打柴，帮补家里生活。有一天，小铁锤正在山里打柴，忽然见一条恶狗正衔着一只猫拼命地咬，小铁锤走近一看，那只猫浑身被咬得血淋淋的，已经快断气了，小铁锤看见怪可怜的，就拿根干柴打跑了恶狗，救出了那只猫。

就在这天夜里，小铁锤做了一个梦，梦里一个白胡老头儿对小铁锤说，山上什么地方有条胡同，怎么拐弯到第几个门是他家，叫小铁锤再上山打柴时到他家去一趟。小铁锤醒来一睁眼，黑咕隆咚的什么也没有，刚闭上眼睛睡着，白胡老头儿又来了，说的还是那几句话，一晚上做了三四次一模一样的梦。

第二天，小铁锤上山打柴时，就按梦里白胡老头儿说的地方找去了，真找到了白胡老头儿的家。白胡老头儿一见小铁锤来了，忙往屋里让座，备了好酒好菜款待小铁锤。小铁锤不知白胡老头儿因为啥事这样招待自己，就问白胡老头儿。白胡老头说："小铁锤呀，你是俺们的救命恩人啊，要不是你出手相救，俺小儿早让恶狗吃了。"

原来这个白胡老头儿是个老狐仙，昨天他小儿出来玩，碰到大恶狗，差点儿把命丢了。因为小狐狸长得像只猫，小铁锤把小狐狸当成猫救下了。

老狐仙不停地让小铁锤吃呀喝呀。

小铁锤在老狐仙家住了两三天，想家了。不管白胡老头儿怎么挽留，小铁锤说什么都不再住了。临走，白胡老头儿送给小铁锤三件宝物：一顶小红帽，一件破棉袄，一把羽毛扇。对小铁锤说："你非走不可，我也不强留你，这些东西是俺家祖传的三件宝物，为了报答你对俺小儿的救命之恩，我就送给你了。"

小铁锤说："这些宝贝有啥用呀？"

"小红帽是隐身帽，戴上它凡人就瞧不见你了；破棉袄是轻身袄，穿上它你能身轻得飞起来；羽毛扇是把握方向的，想往哪飞就

朝哪个方向扇。”白胡老头儿教会了小铁锤宝物的用法，然后把他送走。

小铁锤戴上小红帽，穿上破棉袄，手摇羽毛扇往家飞，就看到山上的树木像走马观花似的往后跑。小铁锤飞到一棵大桃树下，这时候本是冬天，可是桃树上不但长着绿油油的叶，还结满了蒸馍一般大的鲜桃。小铁锤一气吃了三个，再也吃不下了，就摘了一个桃装进兜里继续往回飞。一边飞一边恋恋不舍地回过头瞧一眼。

又飞到一个大水坑边儿，小铁锤落了下来，他想洗一把脸，歇歇脚。水坑里的水清亮亮的，把人影儿照得清清楚楚。小铁锤低头一看，吓了一跳，他照见自己满脸长满了绿毛儿，伸出手一瞧，手上也全是绿毛儿，浑身上下都是绿毛儿。

直到天黑，小铁锤也不敢往家走，他身上的绿毛怎么也弄不掉，小铁锤坐在坑边就哭，哭着哭着就睡着了。睡到半夜，他听见两个人在说话，一个说：“我知道北山有棵鲜桃树，谁吃了上边结的桃，谁身上就长出一身绿毛儿。”另一个说：“我知道南山有个黄杏树，谁吃了上边结的黄杏，谁就能变得很漂亮。”小铁锤睁开眼睛一看，是俩龇牙咧嘴的怪物，吓得连忙又闭上眼睛。又停了一会儿，俩怪物在水坑边喝了些水就走了。

小铁锤再也不敢睡了，心里一直想着那俩怪物说的话。等到天一明，小铁锤赶快往南山飞，找了几个来回，才找到那棵黄杏树。小铁锤上到杏树上摘了个杏一尝，又酸又涩，先吃了一个满嘴流酸水，又吃了一个牙都快倒了……小铁锤一心想把身上的绿毛儿去掉，也顾不得杏的酸涩，一连吃了十来个，再一摸脸，光亮亮的，瞧瞧手上，身上也干干净净的了，就离开南山往家飞。

小铁锤回到家里，看见老娘正坐在院里哭，哭得很伤心。小铁锤忙问哭啥哩，他娘说儿子上山打柴三天没回来，怕是让狼给吃了。小铁锤连忙说：“娘唉娘唉你别哭了，我就是你儿子小铁锤。”他娘睁开眼一看说：“你不是小铁锤，小铁锤长得比你低、比你瘦，小铁锤长的不是这个样儿。”小铁锤把自己遇见的事一五一十地给老娘说了一遍。然后他说，往后咱家打柴不用费事了，走路也不嫌远了，背柴火也不嫌重了，一回能打好多柴。

「专家解疑」

走马观花：比喻粗略地观察事物。

龇牙咧嘴：①形容凶狠的样子。②形容疼痛难忍的样子。

「名师点拨」

小铁锤最可贵的地方，就在于他不因自己得了三件宝物成为新贵之后就失去本性。他依然打柴为生，三件宝物对他来说也不过是节约了打柴的时间与力气而已。

小铁锤回来的第二天，他的事全村都知道了。村里有个大财主，财主有个大闺女，财主想要小铁锤的宝物，就托人去小铁锤家说亲，让小铁锤去财主家相亲。在媒人的带领下，小铁锤到大财主家去相亲。财主好酒好菜地招待他，一个劲让小铁锤喝酒吃菜，小姐也出来给小铁锤倒酒，不大工夫小铁锤就喝醉了。小姐见小铁锤醉了，就按财主事先教好的对小铁锤说：“听说你有三件宝，拿出来让俺和俺爹见识见识吧。”小铁锤就从怀里掏出小红帽，从腰里抽出羽毛扇，又从身上脱下破棉袄，一样一样给了小姐，又一样一样说了用法儿。小铁锤说罢，财主忙把三件宝物锁了起来，又把脸一沉，命令家人把小铁锤撵出门去。

「专家解疑」

招待：对宾客或顾客表示欢迎并给以应有的待遇。

失色：①失去本来的色彩或光彩。②因受惊或者害怕而面色苍白。

小铁锤回到家，酒醒以后，知道自己受骗了，越想越生气。这天傍晚，小铁锤就把自己藏的那个北山摘的鲜桃，偷偷放在财主家后花园的桃树杈上，专等财主家的人吃了长一身绿毛儿。

「名师点拨」

小铁锤是个非常聪明的孩子，他知道自己被骗之后很快就想起了应对的办法。用自己摘下来的鲜桃放在财主家的后花园，他知道以财主的贪婪是一定会上钩的。

第二天早起，财主家的小姐一起床就闻到一股香味，顺着香味找到后花园的桃树下，一看树杈上有个大鲜桃，忙拿下来，心想：“这大冬天的桃树上一个叶儿都没有，哪来这么个大鲜桃啊，肯定是神仙送来的。”小姐就把鲜桃拿到自己的绣房里，白天一整天只闻香味儿舍不得吃，一会儿摸摸，一会儿瞧瞧，直到天黑才忍不住吃到肚里去。

第二天早上，丫头去给小姐送水洗脸，一上绣楼就看到小姐一身绿毛儿，脸上更认不出是小姐，吓得大惊失色，一边往回跑一边叫唤。听到丫头的惊叫，全家人都来了，问明了事情的缘由，个个都没招儿。

财主查访了很多会邪术的医生，来给小姐治这种怪病，谁都医治不好。

过了几天，小铁锤装扮成一个医生来到财主家，给小姐把脉，把了一会儿脉，说：“这种病生得奇，脉象上是你们办了亏心事。”小姐忙把他爹教她骗人家三件宝物的事说了出来。小铁锤说：“先把宝物拿出来，再吃几服药，怪病肯定能治好。”财主照办了。小铁锤不紧不慢地收拾这三件宝物：戴上小红帽，穿上破棉袄，拿起羽毛扇。*收拾停当说：“我不是治邪病的医生，我是小铁锤，这种病叫恶有恶报，没法治！”说罢，一摇羽毛扇从窗户飞走了。*

「智慧引路」
小铁锤的做法真是大快人心，小朋友们，我们也要学小铁锤的这种爱憎分明的精神，让恶有恶报的坏人们搬起石头砸自己的脚。

智慧解读

善有善报，恶有恶报。小铁锤看清财主的险恶用心之后，将计就计，让恶人们“赔了夫人又折兵”。

原文

圣贤言语，神钦鬼伏。
人各有心，心各有见。
口说不如身逢，耳闻不如目见。
养军千日，用在一朝。
国清才子贵，家富小儿骄。
利刀割体痕[1]易合，恶语伤人恨不消。

「千古名句」
养军千日，用在一朝。

注释

①痕：创伤痊愈后留下的疤。

译文

圣人说的话，连鬼神都很敬重、钦服。

每个人都有心，对事物的理解和认识却各有不同。

口说不如亲自去做，耳听不如亲眼去看。

长期供养、训练军队，为的就是一旦用兵打仗。

国家政治清明，才子就受到尊重；家庭富有，小孩就容易被娇生惯养。

刀子伤了人是很容易治好的，但恶语伤害了人却很难使人消恨的。

「专家解疑」
一旦：①一天之间（形容时间短）。②指不确定的时间，表示有一天。
娇生惯养：从小被宠爱纵容。

故事延伸

李牧诱敌深入

战国时，北方的匈奴威胁赵国。赵国派良将李牧镇守雁门，抗击匈奴。

李牧到任后，以武将身份代行地方行政事务，设置官吏，建立衙门；岁税一律收入他的府库中，由他支配，用作军队的费用。他每天杀牛羊犒赏士卒，并亲自教练兵将骑马、射箭，搞对阵演习；又经常派出探骑，打听敌人的动向。他与士卒也能同甘共苦，处处照顾得十分周到。只是有一点大家很不理解，他只准士卒坚壁自守，还特别为此下了一道命令："所有士卒，凡看到匈奴人入侵抢掠，必须迅速赶回，保护营寨，不准与之交锋，如不听令，擅自出营捕捉匈奴者，斩！"所以每当匈奴入侵，李牧都叫部将发出信号，他的士卒一见信号，都飞快跑回营寨，无人敢擅自与敌战斗。

「专家解疑」
犒赏：犒劳赏赐。
同甘共苦：共同享受幸福，共同担当艰苦。

这样过了好几年，赵国边疆虽然常遭匈奴侵扰，但由于匈奴人搞不清李牧不出击的原因，不敢深入边境，当地百姓没有受到什么损失。不过匈奴总认为李牧是个胆小的人，李牧手下部将、士卒由于李牧从不出击，也认为他是个惧怕匈奴的将军。

「名师点拨」
李牧是赵国良将，排兵布阵，牧守一方。他深知边境安则社稷定的道理，为了雁门郡的安康殚精竭虑。但是他的做法并不为当时人所理解。

这事渐渐传到赵的国都邯郸，连赵孝成王也以为李牧不出击匈奴是胆量太小，没有理解李牧因为匈奴力量强大，暂时避开它，以便养精蓄锐，转化敌我力量，准备待机出击，却诏书责备李牧。李牧接诏书后，仍然坚持以往战略，不准士卒出击。赵王大怒，便把李牧召回邯郸，另派赵葱代替李牧。

赵葱到了雁门，一反李牧之所为。他守雁门一年多，匈奴每次侵扰，他都率领士卒出击，多数是被匈奴打败，因而边地人口、牲畜常被匈奴掳走。当地百姓不敢耕种，不敢放牧，苦不堪言；他的部将、士卒也死伤不少。于是，百姓和士卒多次上书，请求赵王仍派李牧来守雁门。

赵孝成王看到边报和当地百姓的请求，才知李牧守边有一套办法，以前是错怪了他，复请李牧出守雁门。

李牧因感到赵王不察边塞实情，听信谗言，人云亦云，召他回朝，心中很是不快。今见赵王一再坚持，他才去见赵王，说："大王如果一定要我去守雁门，那就准许我仍用过去的办法，不然我是难以从命的。"赵孝成王说："本来将在外，君命有所不受。你就用你的老办法去守边吧，寡人再不干涉了。"

「名师点拨」经过临阵换将造成的纷扰，赵孝成王已经明白了李牧的良苦用心，君臣初步达成共识。赵孝成王表示不再干涉，让李牧放手去安抚边防，抗击匈奴。

李牧再次来到雁门，仍如从前一样：对敌人，仍不准出击，遇到入侵，速回营寨。对士卒，同甘共苦，照顾十分周到。匈奴人见又是李牧守边都很小心谨慎，不敢大肆侵扰，也不敢贸然深入。这样又过了几年，边塞都相安无事。

赵孝成王十六年（公元前 250 年），李牧看到守边将士经过将近十年的养精蓄锐，士气已经激励起来，"养兵千日，用在一时"的时机已经成熟，就精选战车一千三百乘，战骑一万三千匹，勇敢善战士兵五万人，射箭好手十万人。并把这些挑选出的士兵组织起来，天天进行训练，准备大战。众将士一听李牧要出击匈奴，人人摩拳擦掌，斗志昂扬，都跃跃欲试，准备大显身手。

李牧见众将士斗志旺盛，心中大喜，但又一想，不能只是驱赶这些勇士去送死。因而每夜翻读兵书，希望在这些古书中找到决胜之方。白天又加派斥候，侦察敌情，以做到知己知彼，万无一失。

「智慧引路」李牧不愧是一代良将，韬光养晦，只为厚积薄发，彻底扫除边患。小朋友们，我们也要学习李牧这种敢于坚持自我的精神，只要一件事是正确的，那就勇敢去做。

最后，他决定用"损阴以益阳"的办法，在出击时，先故意显示实力虚弱，先付出点小的损失，引诱敌人，使敌人骄傲，再出奇兵，以求全胜。主意已定，李牧便召集各将领来大营商议，诸将领听罢李牧之计，都表赞同，纷纷请战。一天，李牧通知边塞人民都出去放牧。一时人、畜遍野，一派北塞动人情景。匈奴人见了，自然心动，立刻派出小股骑手前来抢掠。这时，李牧假装败退，丢下一些人、畜。匈奴首领单于听说后，心想：李牧果是无能之辈，才疏胆怯，不堪一击。于是亲自率领大队人马前来进犯。

单于不知，李牧早已布下奇兵，严阵以待。他分兵三路，以一路正面迎击，左右两路包抄出去，围歼来犯之敌。匈奴人素以掳掠为能事，虽善骑射，但无纪律，不听从号令，本是乌合之众，哪里敌得过训练有素、出击心切的赵军！三路人马，在李牧指挥下，很快将匈奴十万之众包围起来。只见塞外草原，战马嘶鸣，杀声震天，展开了一场恶战。这一仗，只杀得匈奴首领单于落荒而逃，余部见大势已去，只好投降，表示不再侵扰赵国。此后十几年，匈奴人就再也没有侵犯赵国边境。

「名师点拨」李牧多年的隐忍取得了成效，经过近十年休养生息，养精蓄锐，时机已经成熟。在这种情形之下，军民一心，取得了辉煌的成就。

赵悼襄王死后，由其子迁继位，为赵国最后一个君主。他在位的第七年，秦又使王翦攻赵，赵王迁遂命李牧领兵抗击。秦见赵以李牧为将，因李屡败秦，知遇劲敌，求胜不能，便用重金收买赵王宠臣郭开，使反间计，造谣说李牧谋反。赵王迁听信谣言，派赵葱、颜聚代替李牧领兵，李牧不受命，赵王迁派人乘他不备时，将其捕捉并杀害了。赵国失去良将李牧，很快也就灭亡了。

智慧解读

“养兵千日，用兵一时”，这是军法古训。但是要有一个独立自主的宽松环境去实现这个方针，也实非易事。李牧因为军功招致各方猜忌，最终身死，赵国随之覆灭。天下有如此遭遇的又何止李牧一人！

耳闻不如目见

「名师点拨」魏文侯不愧为一代贤王，没有调查就没有发言权，他鼓励西门豹多去查访，掌握真实情况，然后因地制宜，制订相应策略，最终成就“西门豹治邺”的千古佳话。

公元前445年，魏文侯建立了魏国。魏文侯在位50余年，以善于用人而著称，曾任用李悝为相国，吴起为大将，曾打败秦国，夺取了秦国的河西（今黄河与北洛水之间）。魏文侯十分讲求实际，奖励耕战，兴修水利，进行改革，从而使魏国成为当时的强国。

有一年，魏文侯派西门豹去治理邺城（今临漳县西）。临行的时候，魏文侯嘱咐西门豹到邺城以后要多调查研究，不要听信传闻，他说：“耳闻不如目见，目见不如再走近它，走近它不如用手接触它。只有掌握真实情况，才能把事情办好。”

西门豹到邺城后，便深入到当地百姓中了解情况，严厉打击和铲除了一批为害多年的巫婆、乡绅，鼓励群众发展生产，把邺地治

理得很有成绩，受到当地群众的拥护。

智慧解读

没有调查就没有发言权，西门豹在魏文侯的鼓励和支持之下深入百姓，详细了解了当地所存在的问题，并迅速采取打击豪强，鼓励生产的举措，政绩卓著。“西门豹治邺”由此成为千古佳话。

「专家解疑」

拥护：对领袖、党派、政策、措施等表示赞成并全力支持。

卓著：突出地好。

及第：科举时代考试中选，特指考取进士，明清两代只用于殿试前三名。

原文

公道[1]世间唯白发，贵人头上不曾饶。
有钱堪出众，无衣懒出门。
为官须作相，及第必争先。
苗从地发，树向枝分。
父子亲而家不退，兄弟和而家不分。

「千古名句」

父子亲而家不退，兄弟和而家不分。

注释

①公道：公正的道理，大公无私的道理。

译文

这世上唯有白发是公平的，贵人的头发也会变白。因为人变老是不可改变的自然规律，即便是再高贵的人也改变不了这个事实。

有钱的人愿意在人前显示，而没有好衣服穿的人们都不愿出门。

做官要有做官的样子，及第要越早越好。

苗是从地里发出来的，树枝是从树上分长出来的。

「哲理名言」

这世上唯有白发是公平的，贵人的头发也会变白。

「哲理名言」

父亲和儿子相亲相爱，家不会衰败；兄弟之间和睦相处，就不会分家。

父亲和儿子相亲相爱，家不会衰败；兄弟之间和睦相处，就不会分家。

故事延伸

杨津事兄如父

杨津，字罗汉，是今陕西华阴人。他的哥哥杨播，做过华州刺史；另一个哥哥杨椿，官做到太子太保；杨津自己则做到司空。杨家家风淳朴，所有人都懂得礼仪谦让，弟兄们一块相处时就像父子一样。每到清晨，大家（男人们）都来到客厅里，谁也不会进女眷休息的内室一步，一待就是一整天。如有什么好吃的，非得等到所有人都聚齐了才吃。客厅之中，设置着一些屏风帘幕，里面是休息的地方，谁累了可以进去稍事休息，然后继续谈笑风生。

「专家解疑」

谈笑风生：形容谈话谈得高兴而有风趣。

杨椿年老时，如果从朋友处醉酒归来，杨津一定将他扶至内室，伺候躺下，自己则在厅堂和衣而卧，随时问候状况。兄弟俩都年过六十时，一齐做了中央台阁的官员，仍居住在一起，杨津每天早晚问候兄长，彼时台阶下罗列着后生晚辈，杨椿不发话让坐，杨津就一直站着。平时杨椿到邻近串门，即便是日暮不回，杨津也一直等着，不自己先吃晚饭。吃饭时杨津亲自给哥哥奉上汤匙、碗筷。每一道菜都要自己先尝尝味道再给杨椿吃。还在早些时候，杨津在肆州任职，杨椿已到了京城。肆州当地的四季美味特产，杨津都一一派人送往京城，如果因故一时未送，他就决不自己先享用。杨家一百多口人，五世同堂，还共用一个炉灶而没有分家，全家相处得和和睦睦，长幼、妯娌之间一句闲话都没有。

「名师点拨」

父子亲而家不退，兄弟和而家不分。在讲究兄友弟恭的封建社会，兄弟和而家业兴，这样的例子比比皆是。这种情怀对当下的社会也是有积极的教育意义的。

智慧解读

世间最可贵者：父慈子孝，兄友弟恭。家和万事兴，小家搞好了，大家才能兴旺发达。

原文

官有正条，民有私约。
闲时不烧香，急时抱佛脚[1]。
幸生太平无事日，恐逢年老不多时。

「千古名句」
闲时不烧香，
急时抱佛脚。

注释

①“闲时”二句：比喻事情到临头，才想办法。

译文

国家有国家的法律，民间有民间的乡规民约。
平时不准备，事到临头才仓促应付。
有幸生在太平盛世，就怕年老了，所剩下的日子不多了。

「哲理名言」
国家有国家的法律，民间有民间的乡规民约。

故事延伸

急时抱佛脚

古时候，在云南的南面有一个外民族建立的小国家，这个小国家的民众都是信仰释迦牟尼的佛教徒。

有一次，一个被判了死刑的罪犯在深夜挣断了锁链和木枷，越狱逃跑了。第二天清晨，官府发现后即派兵丁差役四处追捕。那个罪犯逃了一天一夜后已精疲力竭，眼看追兵已近，他自知难以逃脱，便一头撞进了一座古庙。这座庙宇里供着一座释迦牟尼的坐像，佛像高大无比。罪犯一见佛像，心里悔恨不已，抱着佛像的脚，号啕大哭起来，并不断用磕头表示忏悔。这个罪犯一边磕头，一边嘴里不停地说：“佛祖慈悲为怀，我自知有罪，请求剃度为

「专家解疑」
精疲力竭：精神非常疲劳，体力消耗已尽，形容极度疲乏。

「专家解疑」

为非作歹：做各种坏事。

赦免：以国家命令的方式减轻或免除对罪犯的刑罚。

僧，从今往后，再也不敢为非作歹！”不一会儿，他的头也磕破了，弄得浑身上下都是鲜血。

正在这时，追兵赶到。兵丁差役见此情景，竟被罪犯的虔诚信佛、真心悔过的态度感动了，便派人去禀告官府，请求给予宽恕。官府听后，不敢做主，马上禀告了国王。国王笃信佛祖，赦免了罪犯的死罪，让他入寺剃发当了和尚。

后来，当这个国家的一些和尚到中国传播佛教时，将这个故事和所产生的惯用语“临时抱佛脚”带入中国，成了我们的俗语。

智慧解读

平时不烧香，急来抱佛脚，似乎并不足取。但是一颗悔过的心，却是到任何时候都不晚的。

原文

国乱思良将，家贫思贤妻。

池塘积水须防旱，田地勤耕足养家。

根深不怕风摇动，树正无愁月影斜。

奉劝君子，各宜守己。

只此呈示，万无一失[1]。

「千古名句」

根深不怕风摇动，树正无愁月影斜。

注释

①万无一失：指非常有把握，绝对不会出差错。失：差错。

「哲理名言」

池塘里积水是为了防止干旱，土地深耕勤事是为了满足养家的需要。

译文

国家动乱时期盼贤才良将，家庭贫困时盼贤妻。

池塘里积水是为了防止干旱，土地深耕勤事是为了满足养家的需要。

树根长得深才不怕风的摇动，树长得正怎么会怕影子斜呢？

奉劝大家，每个人要注意克己、勤学、守法。

只要照上面的名言去办了，就会万无一失。

「专家解疑」

万无一失：绝对不会出差错。

声泪俱下：边诉说，边哭泣，形容极其悲恸。

故事延伸

拒贿杖妻侯鸣珂

侯鸣珂是湖南澧州人，生于清道光十四年（1834），中第后在陕西为官多年，先后任孝义厅（今柞水县）同知和韩城、兴平、凤翔、渭南、咸阳、平利等地的知县。

在“三年清知府，十万雪花银”的封建社会后期，侯鸣珂却“出污泥而不染”，清廉从政，在孝义厅任同知期间，数拒贿赂，义杖爱妻，百姓大加赞颂，离任时送“仁德如春”大匾，近万人含泪相送。

「哲理名言」

三年清知府，十万雪花银。

同治二年（1863），孝义厅阴雨两月，庄稼霉烂，收获不足一成；同治三年，又遇蝗灾，食尽田禾。孝义厅户户断炊，外出讨要。就在艰难之时，同治四年春，侯鸣珂调任孝义厅抚民同知。到任后亲写呈文，报灾于抚台，请求赈济。粮食到厅后，他又赶着骡马，将粮食送往乡下。厅衙小吏余言吉，不甘忍受无油粗饭，向一百姓勒索了10斤猪油，自食5斤，将其余5斤暗送侯鸣珂夫人杨芝香。鸣珂得知后大怒：“刮民脂膏，如杀我身，置百姓倒悬；尔等安享清福，不堪造就。”当即将余言吉削职为民，并下令其妻杨芝香将5斤猪油还给百姓，并以受贿罪杖四十。杨芝香当场声泪俱下，后悔莫及。侯鸣珂怒斥其妻：“*知过并非无过，不杖股四十，尔不会以此为训。*”衙役听罢，只得按鸣珂的命令，打了侯夫人四十大板。

「智慧引路」

知道错了也不能算是没错，可见侯鸣珂的刚正无私。小朋友们，我们在生活中遇到事情时，也该多思考，千万不可为了一己私利做了错事。

同治六年九月，车家河保正杨建武在发放赈银时，以其兄、弟、妹三户受灾严重为由，贪污800两纹银，被人告发。侯鸣珂在察访中，杨建武托人偷将5两麝香装在他的行囊里，并附一信。

侯鸣珂发现后，将信拆开一看，上写，“侯大人：吾以兄、弟、妹三户冒名顶领赈银800两，愿与大人平分。再送上麝香5两，请免死罪。”第二天，侯鸣珂即令人将信重抄在一张大纸上，并将5两麝香用纸包好，上写“贿物麝香5两”，让杨建武一手举着抄好的信，一手举着麝香，在车家河、厅城、石嘴子游街三日，第四日即判杨建武死刑。在刑场上，侯鸣珂作诗一首，对杨建武的贪污、行贿行为表示了极大愤怒：

斯人为官无所求，誓为百姓解苦愁。

社鼠贪污又行贿，不斩贼子决不休！

「专家解疑」

冒名：假冒别人的名义。

「哲理名言」

社鼠贪污又行贿，不斩贼子决不休！

智慧解读

侯大人不愧是封建社会的一代良吏，在那个过去的时代里，像他这样的人很多。今天的某些人和他相比，可感到惭愧?

重点测试

一、填空题

1. 有意栽花花不发，______________。

2. 水至清则无鱼，______________。

3. 易涨易退山溪水，______________。

4. 三人行，必有我师焉：______________，其不善者而改之。

5. 人情似水分高下，______________。

二、选择题

1. 下列加点的字的注音完全正确的一组是（　　）

A. 投宿(sù)　　B. 饿殍(piǎo)　　C. 千钟粟(shù)

2. “知我者谓我心忧，不知我者谓我何求！”两句源出（　　）

A. 《诗经·黍离》　　B. 屈原《离骚》　　C. 《论语》

3. “一年之计在于春，一日之计在于寅。”句中“寅”指寅时，即（　　）

A. 凌晨1时至3时　　B. 凌晨3时至5时

C. 早上5时至7时

4. “千经万典，孝义为先。”“孝”“义”是（　　）思想的核心。

A. 法家　　B. 道家　　C. 儒家

三、判断题（正确的√，打错误的打 ×）（每题 2 分，共 20 分）

1. “天时不如地利，地利不如人和”这两句出自《老子》。（　　）

2. “少壮不努力，老大徒伤悲。”句子中的“徒”意思是徒弟。（　　）

3. “渴时一滴如甘露，醉后添杯不如无。”意思是：口渴时哪怕一滴水也会甜的像甘露；喝醉后再添上一杯酒，反倒不如不添得好。人们最需要的，才是最珍贵的。（　　）

4. “凡事要好，须问三老。”“三老”，指工老、农老、商老。（　　）

四、简答题

1. “路遥知马力，事久见人心。”这句话是什么意思？告诉我们什么道理？

2. “将相顶头堪走马，公侯肚内好撑船。”讲的是什么内容，你从中得到什么启示？

一、填空题

1. 无心插柳柳成荫

2. 人至察则无徒

3. 易反易覆小人心

4. 择其善者而从之

5. 世事如云任卷舒

二、选择题

1. A　2. A　3. B　4. C

三、判断题

1. ×，“天时不如地利，地利不如人和”这两句出自《孟子·公孙丑下》。

2. ×，“徒”这里的意思是“徒然，枉然”。

3. √。

4. √。

四、简答题

1. 路途遥远，才知道马的力量的大小；处事长久，才知道人心的好坏。这里告诉我们，日子久了才能看清人心及事物的真相。

2. 意在说明大人物的心胸开阔。这里鼓励普通人能容人容事，不计细微。